新視野
中華經典文庫

導讀 經典之門

哲學宗教篇

中華書局

中國夢當有文化作為

饒宗頤序

二十一世紀是我們國家踏上「文藝復興」的新時代，中華文明再次展露了興盛的端倪。我們既要放開心胸，也要反求諸己，才能在文化上有一番「大作為」，不斷靠近古人所言「天人爭挽留」的理想境界。

二〇〇一年，我在北京大學的一次演講上預期，二十一世紀是我們國家踏上「文藝復興」的新時代。而今，進入新世紀第二個十年，我對此更加充滿信心。

現在都在說「中國夢」，作為一個文化研究者，我的夢想就是中華文化的復興。文化復興是民族復興的題中之義，甚至在相當意義上說，民族的復興即是文化的復興。「天行健，君子以自強不息。」我們的文明，是世界上惟一沒有中斷過的古老文明。儘管在近代以後中國飽經滄桑，但歷史輾轉至今，中華文明再次展露了興盛的端倪。

推動文化的復興，我輩的使命是什麼？我以為，二十一世紀是重新整理古籍和有選擇地重拾傳統道德與文化的時代，當此之時，應當重新塑造我們的「新經學」。我們的哲學史，由子學時代進入經學時代，經學幾乎貫徹了漢以後的整部歷史。但五四運動以來，把經學納入史學，只作史料看待，未免可惜，也將經學的現實意義降到了最低。現在許多簡帛記錄紛紛出土，過去自宋迄清的學人千方百計求索夢想不到的東西，而今正如蘇軾所說「大千在掌握」。我們應該如何善加運用，重新制訂新時代的「經學」，並以之為一把鑰匙，開啟和光大傳統文化的寶藏？長期研究中，我深深感到，經書凝結着我們民族文化之精華，是國民思維模式、知識涵蘊的基礎，是先哲道德關懷與睿智的核心精義、不廢江河的論著。重新認識經書的價值，在當前有着重要的現實意義。甚至說，這應是中華文化復興的重要立足點。

「經」的重要性自不待言。因為它講的是常道，樹立起真理標準，去衡量行事的正確與否，取古典的精華，用篤實的科學理解，使人的生活與自然相協調，使人與人之間的關係臻於和諧的境界。經的內容，不講空頭支票式的人類學，而是實際受用有長遠教育意義的人智學。

「經」對現代社會依然很有積極作用。漢人比《五經》為五常，《漢書・藝文志》更把《樂》列在前茅，樂以致和，所謂「保合太和」，「致中和，天地位焉，萬物育焉」，「和」體現了中國文化的最高理想。五常是很平常的道理，是講人與人之間互相親愛、互相敬重、團結羣眾、促進文明的總原則。在科技發達、社會巨變的時代，如何不使人淪為物質的俘虜，如何走出價值觀的迷陣，求索古人的智慧，應能收獲不少有益啟示。

西方的文藝復興運動，正是發軔於對古典的重新發掘與認識，通過對古代文明的研究，為人類知識帶來極大的啟迪，從而刷新人們對整個世界的認知。中國近半世紀以來地下出土文物的總和，比較西方文藝復興以來考古所得的成績，可相匹敵。令人感覺到有另外一個地下的中國——一個在文化上鮮活而又厚重的古國。對此，我們不是要照單全收，而應推陳出新，與現代接軌，把前人保留在歷史記憶中的生命點滴和寶貴經歷的膏腴，給予新的詮釋。這正是文化的生命力所在。

二十世紀六十年代，我的好友法國人戴密微先生多次說，他很後悔花了太多精力於佛學，他發覺中國文學資產的豐富，世界上罕有可與倫比。現在是科技引領的時代，但人文科學更是重任在肩。老友季羡林先生，生前倡導他的天人合一觀。以我的淺陋，很想為季老的學說增加一小小腳注。我認為「天人合一」不妨說成「天人互益」。一切的事業，要從益人而不損人的原則出發，並以此為歸宿。當今時代，「人」的學問比「物」的學問更關鍵，也更費思量。

作為一個中國人，自大與自貶都是不必要的。文化的復興，沒有「自覺」「自尊」「自信」這三個基點立不住，沒有「求是」「求真」「求正」這三大歷程上不去。我們既要放開心胸，也要反求諸己，才能在文化上有一番「大作為」，不斷靠近古人所言「天人爭挽留」的理想境界。

鄭煒明博士整理

載《人民日報》二〇一三年七月五日五版

陳耀南序

中華經典古，今人惠澤新

現在，幾乎人人都有一部智能手機，日新月異、奇妙無比了，還讀什麼「經典」——尤其是中國的經典？

是的，近代中國的學術文化，比起西方先進，表現了若干方面的落後；不過，有史以來，中國也曾有不少超前——而且，無可否認，有些還具備普世價值，可說萬古常新。誰說中國人不能「窮、變、通、久」，「貞下起元」，再開新路？

中國是如此廣土眾民，歷史持續而悠久，影響深遠而重大——所謂「文化」「文明」「開物成務」「興神物以前民用」……所謂「志道、據德、依仁、遊藝」，「知命守義」，「忠恕」……所謂「有無相生」「正反相成」「致虛守靜」「見素抱樸」等等出於華夏哲人，以至初興於天竺而發揚光大於中土高士的「五蘊皆空」「慈悲喜捨」，滅除因生死人我差別而致的大苦大痛，種種現代更覺迫切珍貴的智慧理念，就是出於或者持久普及於中國經典。對這一切，我們怎可視而不見、習而不察、有而不珍？今日今時，鳳凰火浴，重新振起，騰飛世界，造福人類，豈不是有心人之所同盼、有目人之所共睹？

更何況，即使「普世市場」之類意義暫且不談，「中文」「中國」，對我們來說，畢竟是水之有源、木之有本，誰可以——怎可以——真的斬斷？

所以，中華文化經典，不可不愛護、學習，不可不繼承、推廣！

所謂「經典」，就是經歷了無數考驗，仍是大家心悅誠服、可資指導言行的文字記載。泛觀博覽、精細研究這些記載，我們可以了解人性人情、洞明世務（特別是中華文化精神），於是知所選擇繼承、發揚光大；並且，目染耳濡，用語行文，我們提升了吸收與表達能力，增加了智慧與樂趣——這些，我們可以從三方面再加闡發：

首先，「天地之大德曰生」——「德」者，性能、作用——作為萬物之靈的人類，更能理性自覺地、不懈追求幸福地生存與進步。為此，物質與精神各方面的生活質素就得以繼續提升，表現為器材技藝、經濟政治、法律道德、哲學宗教等等，由外在而內心的種種文化現象與成績，而紀錄於人類特有的文字，集結、精選，就成為「經典」，此其一。

其次，在文化的累積與發展中，人們研究、發現、掌握多變現象背後不變（起碼是相對穩定）的道理規律，於是執簡馭繁，這就是中國古人所謂「易簡而天下之理得」——諸如：友愛親情之可珍、鬥爭仇恨之可懼、良辰好景之可幸與可喜、天道命運之可信或可疑。諸如此類，是否「太陽之下無新事」？是否不管如何，都「前事不忘，後事之師」？此其二。

第三：「時有古今，地有南北，字有更革，音有轉移，亦勢所必至。」明朝學者陳第的專業心得也好，希伯來古代智慧「巴別塔」典故的喻示也好，人類語文的演化與分歧，是人所共知的事實。不過，人又有神奇的學習與溝通能力，透過翻譯和解說，古與今，中與外，隔膜就得以消除，文化就得以交流、承繼。特別是我們的漢字中文，「金入洪爐不厭頻」，經過百多年來嚴苛的懷疑、輕蔑、考驗、批評，它難得的精簡與穩定特質，與口頭漢語適切配合的優點，理應更受珍視。透過視野的擴大與適當的更新，認真而合時的譯解，文、史、哲、教種種範疇的華夏經典，垂世行遠，光大發揚，就在於今日！

中華書局（香港）有限公司「新視野中華經典文庫」，數載有成，業績彪炳，現在把「文庫」中五十種書的導讀合編為一集，以利參考、觀覽，就如從上古到近世《七略．六藝志》《隋書．經籍志》《四庫提要》的貢獻與功能，實在是嘉惠士林、功在社會。筆者有附驥之榮，謹致蕪辭，誠為之賀！

陳耀南於悉尼

二〇一六年五月三十日

現代人為什麼要讀經典

李焯芬序

英國牛津大學有位歷史學家，名叫湯因比（Arnold Toynbee，一八八九—一九七五）。他著作等身，代表作是十二卷的《歷史的研究》（*A Study of History*）；書中深入分析了人類文明的歷史進程。學界一般認為他是二十世紀最偉大的歷史學家。上世紀七十年代，湯因比在他晚年的一些著作和訪談中，不時談到他對二十一世紀人類社會的一些預測和憂慮。他在分析文明史的基礎上，預見到二十一世紀的人類社會科技不斷進步，物質生活非常豐富；但人會變得越來越以自我為中心，越來越自私，物質慾望不斷膨脹。這將對地球的自然資源造成越來越大的壓力；而人與人之間、族羣與族羣之間的衝突亦越來越尖銳。從人類文明可持續發展的角度看，湯因比認為二十一世紀的人類社會需要重新審視並踐行中國傳統文化的價值觀，特別是儒家思想與大乘佛教。

四十年後的今天，我們重溫湯因比的這些預言，不無感觸。過去的教育，既重視知識的傳播，亦同時重視人的教育，特別是品德的熏陶。今天的教育，基本上以知識教育為主導。知識的不斷膨脹，造成了越來越多的新科目，以及永遠也教不完的新課程。展望將來，網絡教育（e-learning; mobile learning）的比例會越來越重。同學們忙於低頭看他們的手機或 i-pad，從中汲取他們所需要的各種知識或訊息。君不見：一家人外出吃頓飯，各人在飯桌上往往忙於看自己的手機，閒話家常式的分享明顯減少了。不少教育界的同工對如何在網絡時代推行德育

（或人的教育）感到困惑。這不啻是湯因比所預見的現代人越來越以自我為中心、人與人之間關係越來越疏離的現象。湯因比的命題是現代人如何在物質文明與精神文明之間取得更合理的平衡。從現代教育的角度看，則是如何在知識教育與人的教育之間取得更合理的平衡。

湯因比認為人類社會要持續發展，就必須處理好這些失衡的現象。而儒家思想和大乘佛教正可以幫助二十一世紀的人類社會在物質文明與精神文明之間取得更均衡、更和諧的發展；從而讓現代人生活得更有智慧、更稱意、更自在。我們回顧中古時代的歐洲，文藝復興讓當時的歐洲人生活得更有智慧，思想更開放和活躍，因而成就了後來的工業革命、科技不斷進步和強大的歐洲。正如饒宗頤教授所指出的，促進歐洲文藝復興的正是歐洲人對重新研讀古希臘、羅馬經典的興趣和熱潮。歐洲人從經典中得到了無窮智慧以及發展的動力。

就在這個有趣的歷史時刻，基於出版人的文化使命感和社會承擔，中華書局（香港）有限公司出版了一套五十本的「新視野中華經典文庫」；並把每本的導讀抽出、結集成為這套名為《經典之門：新視野經典文庫導讀》的集子，作為閱讀經典的入門書。書中的每一篇經典導讀，均是針對現代人對經典智慧的需求而寫成的，因此既具現代視野，亦契合現代人的需要。

湯因比預見了中華經典智慧對社會的價值。從個人的角度看，中華經典智慧亦能幫助現代人更好地面對社會的種種壓力，妥善處理好各種矛盾，從而讓大家生活得更稱意、更自在。我們今天的社會，競爭比以前更激烈，生活和工作壓力比以前更大。單以香港為例，六七十年代的香港只有二三千大學生。今天香港大學學生逾十萬。不但畢業後找工作比從前難，連升職亦比從前難。我們的許多大學畢業生，很少有下午五點鐘下班的；經常是傍晚七點或更晚才能下班。有人回家以後還要用手機或電腦繼續工作。中華經典中有不少人生智慧，可以幫助我們更坦然地應付這些生活和工作中的壓力和挑戰，更善巧地處理好人際關係，幫助我們走上事業成功的坦途，同時獲得別人的尊敬、衷誠合作和支持。換句語說，研習中華經典，可以補現代知識教育的不足，讓我們除了現代專業知識之外，還具有人生智慧，懂得待人接物，事業上更成功，生活得更幸福快樂。

中華經典智慧，無論是對人類社會的未來，抑或是對個人的成功和幸福，都具有巨大的價值和意義。

香港大學饒宗頤學術館館長　李焯芬

二〇一六年六月

目錄

佛經

雜類

易學

《周易》導讀

神奇的易經

香港大學哲學博士，
國際易學聯合會理事
周錫䪖

一、《周易》的魅力

二〇〇六年七月十日，第十八屆世界杯足球賽決賽在德國柏林舉行，由法、意兩隊對壘，在經歷加時苦戰成和，最終由雙方互射十二碼決勝之後，意大利隊衝破驚濤駭浪，險勝法國隊，贏得冠軍，歷史性地第四次捧杯而回。說來也許令人難以置信：早在十六強階段，我已運用《易經》原理預測得這一終極戰果。其後，又在四強決戰前夕分別測準了二、三、四名所屬。

真有那麼神奇？這是本人的實測，原始記錄俱在，當時亦告知過若干親朋戚友，絕非事後諸葛。

還有更新鮮的事例。二〇一一年六月四日，中國人——準確點說，世界華人可能都曾為這一則消息興奮、激動過：中國選手李娜締造歷史，在世界頂級賽事之一的法國網球公開賽女子單打決賽中，以二比零擊敗意大利衛冕選手斯齊亞沃尼（港譯舒雅雲妮），勇奪桂冠。這是中國、也是亞洲選手首次贏得大滿貫女單世界冠軍。決賽前夕，我曾為兩人分別測算，看究竟誰能取勝。結果，李娜得〈小畜䷈〉之〈巽䷸〉（〈小畜〉卦初爻變，成〈巽〉卦）；而舒雅得〈大過䷛〉之〈訟䷅〉（〈大過〉三、上爻變，成〈訟〉卦）。二者情況一吉一凶，對比分明，絕無拖泥帶水之處，跟其後賽果完全一樣。《易經》預測，有時就是那麼「玄乎」。

《易經》，即《周易》六十四卦卦形與卦爻辭，是中國傳世最古老的典籍之一。它有數千年的歷史，但至今風采依然，不僅未呈「老態」，反更魅力四射：除了中國大陸、臺、港、澳（門）之外，在世界各地，尤其是日、韓、星、馬、泰以至歐洲、美洲、澳洲，都引起人們越來越大的興趣和關注，學《易》、研《易》蔚然成風，專門學會紛紛設立，學術刊物定期出版，國際研討會亦不斷召開，二〇〇四年還成立了「國際易學聯合會」，並每隔一年，依次在北京、臺南、首爾、香港舉辦有多國學者參加的學術年會；研究熱潮可謂方興未艾。這在世界文化史上也是罕見的現象。

出現這種盛況，相信與此書博大精深卻又神祕玄妙的性質大有關係。

歷史上，**《易經》是中國儒家的羣經之首，又是道家「三玄」（老、莊、易）之一，現代更被尊為「中國文化之源」。它以特強的影響力、滲透力、涵蓋力，融入中華民族的語言、習俗、思維方式之中，幾乎已成為人們日常生活的一部分。**例如成語中的「革故鼎新」「否極泰來」「一陽初復」，香港電視劇名之《九五至尊》，流行曲名〈潛龍勿用〉，等等，全部都來自《易經》。又如〈豫〉卦六二爻辭：「介于石，不終日。貞吉。」〈象〉傳云：「『不終日。貞吉。』以中正也。」便是蔣介石字中正這一名與字的由來。毛澤東有句名言：「窮則思變，要幹，要革命。」其理念與詞句的本源也幾乎全出於《易經》和《易傳》（先秦時期對《易經》的闡釋、解讀）：《易·繫辭·下》云：「易窮則變，變則通，通則久。」〈蠱〉卦初六爻辭：「幹父之蠱。」幹，意為辦理、整治，引申為做、拚搏。〈革〉卦〈彖〉傳：「革而當，其悔乃亡。天地革而四時成；湯武革命，順乎天而應乎人。」

至於德國學者萊布尼茨（一六四六—一七一六）創立的數學二進位制與《易經》六十四卦圖相合（太極生兩儀，兩儀生四象，四象生八卦……），以及丹麥學者、量子力學創始人玻爾（一八八五—一九六二）提出的「互補理論」與太極圖（又名「雙魚圖」）相通等等，早已為中西學界所津津樂道。而南韓國旗的圖案設計，更直接採用了《易》卦（用乾☰、坤☷、坎☵、離☲四經卦）與太極雙魚圖。可見這本古老經典的影響真可稱得上是無遠弗屆，歷久常新。

二、《周易》之名義與架構

（一）易、三易、《周易》

易，按甲骨文構形，意指把液體從一盛器倒進另一盛器，本義是傾注，賜贈，引申作更替、交換、變化之意，為動詞。（又可作形容詞，釋為簡易，輕慢。）再進而用作名詞，成為上古一類典籍的統稱。《說文解字》介紹的易為「蜥蜴」或「日月為易」等見解，都是按後來蛻變了的字形而望文生義之說，不足為據。

《周禮．春官．大卜》云：「大卜……掌三易之法，一曰《連山》，二曰《歸藏》，三曰《周易》。其經卦皆八，其別皆六十有四。」《連山》《歸藏》《周易》這三種書可能都是以六十四卦卦爻的結構及其變換，表象事物的存在方式與發展態勢，「動」感十足，因此統稱為「三易」。其中《連山》據傳是夏朝的易書，《歸藏》是商朝的易書，《周易》就是周朝的易書。《連山》易以〈艮☶〉卦為首，艮☶形象山，兩山重疊，故稱《連山》（一說，神農又號連山氏或列山氏，因以為名）。它反映的應是上古先民「穴居野處」，靠山吃山，以狩獵、捕魚為主要生產方式時代的生活、思想狀況。《歸藏》易以〈坤☷〉卦為首，坤☷形象河川大地，有平順的特點，代表女性；大地博納廣容，萬物莫不歸藏於其中，故得此名（一說，黃帝號歸藏氏，因以為名）。它反映的應是早期農業社會人們的生活、思想狀況，也是母系為尊時代的表徵。《周易》改以〈乾☰〉卦居首，乾☰為天，為健，代表男性，以〈乾〉卦為首，說明周朝已由母系社會發展為父權社會，反映了時代的變遷、演進。後來《連山》《歸藏》易散佚失傳（僅在古書中保存了一些零碎資料），剩下《周易》一枝獨秀，所以典籍中經常用《易》稱代《周易》。

關於《周易》的名義還有些其他解釋。比如說周為「周普」，即廣泛遍及，「言易道周普，無所不備」之意（鄭玄《易論》）。又說「易一名而含三義：易簡一也，變易二也，不易三也」（《易緯．乾鑿度》《易論》）等等。那些都是漢人研《易》的體會心得，反映了易道博大精微的若干特點，但是，卻並非《周易》得名的本意。

孔子（前五五一－前四七九）「老而好《易》，居則在席，行則在囊」（《馬王堆漢墓帛書．要》），說：「加我數年，五十以學《易》，可以無大過矣。」（《論語．述而》）並對門下弟子講授過不少研讀《周易》的見解和心得，人們據之輯綴成文，其中七種共十篇（即〈彖〉上、下，〈象〉上、下，〈繫辭〉上、下，〈文言〉，〈說卦〉，〈序卦〉和〈雜卦〉）廣泛流傳，漢時稱為「十翼」（翼是羽翼、輔助正文之意），成為最早一批注解、評釋、導讀《周易》的著述。

（二）《易經》與《易傳》

由於孔子晚年重《易》，精心研《易》，《周易》成為儒家傳習的主要經典之一，因此被尊為「經」，名《易經》，在戰國時開始與《詩》《書》《禮》《樂》《春秋》合稱六經。「十翼」既是輔助閱讀經文之作，所以稱為《易傳》（「傳」，仄聲（zhuàn），有詮釋、疏解之意）。漢朝獨尊儒術，《周易》便擴大至包含了「經」「傳」

兩部分內容。其中《易經》就是六十四卦卦形與卦爻辭，即原來的《周易》；《易傳》就是指〈彖〉〈象〉等七種（共十篇）注《易》解《易》之作。由近年考古發現得知，這類注《易》解《易》的作品當時還有不少（例如一九七三年出土的馬王堆漢墓帛書中便另有〈二三子〉〈易之義〉〈要〉〈繆和〉及〈昭力〉等好幾篇），只是運氣欠佳，未得流通於世而已。

應當注意的是，《易傳》雖因成篇的年代較早（現在一般認為是春秋末至戰國時），保存了不少難得的資料和中肯的意見，但畢竟與《易經》的成書時間已至少相去數百年，有的就算確為孔子的觀點，也不少自由比附發揮、似是而非之處，並非「句句是真理」，所以只能視為後人大量注《易》研《易》著作的一部分（當然是極可寶貴的一部分），可作參考，但若要求得對《周易》原旨確切的理解，還必須從本經着手，直探真源，那樣才不至捨本逐末。因此，本書（指中華書局（香港）有限公司出版的「新視野中華經典文庫」之《周易》）內容的主角，始終是《易經》。至於《易傳》裏那些合理的意見，本書已充分納入「《易經》六十四卦」的注析中。

三、《易經》的性質及其現代價值

《易經》包含天地萬物之理，卻僅以陰陽二爻構成，可謂「既古老，又時尚；既玄妙，又簡單」（漢人說「易」為易簡，確有其道理）。那麼，它到底是本什麼書？這問題近世以來引起過不少爭議：有人認為它是占筮書，有人認為是哲理書，也有人認為純粹是歷史書，是文、武、周公滅紂興周過程的具體紀錄，而更有人直指是當時某某官員用曲筆寫成的「自傳」，等等。

我對此進行過探究，得出的結論是：《易經》含弘廣大，微妙玄通，是本獨特而奇異的著作，它的性質應分別從「體」「用」兩方面去辨析和界定。

第一，如按其本體、實質來說，《易經》草創於西周初（公元前十一世紀中）而著成於西周後期（約公元前九世紀中期），是司馬遷（前一四五或前一三五——約前八六）所撰《史記》之前中國最早的一本百科全書。它匯聚了古聖先賢的睿智，融貫古今資料，以當時新興的審美藝術形式（韻文），去反映和表達宇宙自然變化的規律，以及社會人生哲理、歷史經驗、政治觀念和生活智慧，具有極可寶貴的文化價值。特別是全書六十四卦的結構系統，其一起（〈乾〉〈坤〉）一結（〈既濟〉〈未濟〉）與中間諸卦卦序安排所體現的綿密邏輯性與豐富的辯證思想，更屬難能可貴，尤應得到現代人的推崇與珍視。《易經》文字精約，而內容宏富，從宇宙起源、物候變遷，到人世間的軍、政、財、文、史、哲、宗教、教育、道德、倫理、婚姻、家庭、行旅等等，幾無所不包，有關修（身）、齊（家）、治（國）、平（天下）的理念與方法，全涵括在內。説它是中國第一部百科全書，甚至推許為「中華文化之源」，都不算過譽。這是從其「本體」一面看。

第二，從「用」的一面看。《易經》在占筮中形成，為占筮而編撰，而從它誕生之日起，在相當長一段時期內，也主要是用來占筮，因此毋庸置疑，它確是一本占筮書。這從充滿全書的「吉、凶、悔、吝、厲、利、无咎」等占筮術語，以及眾多典籍（例如《左傳》《國語》《周禮》《史記》《漢書》……）與出土簡帛文獻（例如包山楚簡卜筮簡、戰國楚竹書《周易》、馬王堆漢帛書《周易》、阜陽漢簡《周易》等等）所載大量與它相關的資料以及占筮記錄等都足以證明。

綜上所言，可以得出結論：**《易經》是一本以百科全書為「體」，而以占筮為「用」的性質奇特的典籍。它蘊含淵懿微妙的哲思，表達敬德、重民的治國理念，保留了好些商、周的史實，盛載大量的上古文化遺存；同時，由於它以特殊的表述方式所揭示的自然、歷史、社會演化通則和人生理念，不少又是具有本體性、周遍性、持續性的，故人們又往往會發現，它常與現代科學原理相通。**因此在今天，《易經》可以為自然科學與人文社會科學的研究，包括天文、地理、物理、數學、醫學、經濟學、軍事學、哲學、史學（思想史、政治史、社會史、文化史）、文學、語言學（訓詁、音韻、詞彙、語法、修辭學）等眾多領域，提供許多有用的資料、線索和發人深省的啟示。而更令人嘖嘖稱奇的是，今天據以占問、預測，有時仍相當準確，似乎確有「天機」隱存其中。

四、《易經》蘊含的精義妙理

《易經》蘊含的宇宙、人生之精義奧理，在今天仍有重大參照作用和啟發意義的，至少有如下多個方面：

1 漸進發展規則，生滅盛衰過程：事物往往經歷由少而長，由低而高，由弱而強，由萌芽、發展、壯大再逐漸走向衰亡的階段，這在〈乾〉〈漸〉等卦中有較突出的反映。

例如〈乾〉卦各爻由龍潛伏水中，到露出地面，到躍起半空，到飛到天上，再飛到極高處，順次取象，層次井然。飛到天上是春風得意、可以盡展平生抱負之時；而飛至極高處則過猶不及，故「有悔」，意味陷於困境，開始走向下坡。

〈漸〉卦六爻描述鴻雁如何從河灘開始逐步登高，最後「其羽可用為儀」，意味生命完結（同時也是另一新循環的開始），便同是以象徵、比喻手法體現上述生滅盛衰、周期變化的道理。〈乾〉〈漸〉等卦爻辭形象地說明，世間任何事物都不會長盛不衰，恆久不變。假如自詡英明神武，曾一度威風八面的秦皇、漢武等輩能及早領悟此一《易》理，便不會惑於方士之言，去大肆勞師動眾，徒然追尋那長生不死之藥，作白日飛升的美夢，而為天下後世譏嘲了。誠如唐代詩人李賀所云：

武帝愛神仙，燒金得紫煙。廄中皆肉馬，不解上青天。（〈馬詩〉之二十三）

回看今天的世界，自上世紀九十年代蘇聯解體後，美國成唯一超級霸權大國，躊躇滿志，頤指氣使，自以為「飛龍在天」，可以為所欲為，但自二〇〇一年「九一一」遇襲，接着揮軍入侵阿富汗、伊拉克，卻泥足深陷於所謂的「反恐」戰爭多年，又經歷金融風暴、經濟衰退、財政危機等重重打擊，在連番摧折之下，國力虛耗，元氣大傷，債臺高築，窘態畢呈，其驕橫不可一世的氣焰已遭重挫，霸權地位大大動搖。它是否正步以往法、德、英等曾相繼稱雄於世的「列強」先輩的後塵，不可逆轉地逐漸走上「亢龍有悔」的衰頹之路，已越來越引起寰球輿論的熱議和關注。

而形成對照的是，中國自八十年代「文革」終結、改弦更張以來，尤其是近十年（二〇〇一——二〇一一）中，已從韜光養晦的「潛龍勿用」，到快速冒起，呈現「見龍在田」「或躍在淵」之生氣蓬勃的發展態勢：國內生產總值（GDP）從二〇〇一年的一萬三千二百億美元迅速提升至五萬九千三百億，超越日本，成為世界第二大經濟體；外匯儲備也從一千九百億美元急增至三萬兩千億美元，居於世界第一，並取代日本成為美國最大債權國；又取代德國成為世界最大出口國；近年則致力「堅持實施擴大內需戰略，着力調整優化需求結構，保障中國經濟實現更長時間、更高水平、更好質量的發展」（時任總理溫家寶在第五屆達沃斯論壇上的講話，二〇一一年九月十四日，大連）。正如輿論所云：美國國力在過去十年明顯走下坡，中國等新興國家崛起，經濟重心由西方轉至東方，改寫全球政經格局。到底實際前景將會如何，大家不妨拭目以待。

2 物極必反，窮則生變：〈乾・上九〉之「亢龍有悔」，〈坤・上六〉之「龍戰（接）于野」，〈否・上九〉之「傾否，先否後喜」，〈泰・九三〉「无平不陂，无往不復」，〈既濟〉之「初吉，終亂」，以及六十四卦以〈未濟〉為結束等等，無不反覆說明這一道理，顯示出十分可貴的辯證思想。

〈坤䷁〉為純陰之卦，至上六爻，窮陰極寒，急需陽氣灌注，於是便有「天龍接地」（實際是彩虹垂野），天地交合，復生萬物之象。〈否・上九〉是〈否〉卦最上一爻（「否」，音痞，是閉塞不通、壞劣不善之意，可指壞人壞事），〈否〉卦到了盡頭就要傾覆其否，令情況由壞變好，所以有「先否後喜」，即「否極泰來」之兆。〈既濟〉之「初吉，終亂」剛好相反，是開始吉利，最終出亂子，意味情況將會由好變壞，即由〈既濟〉向〈未濟〉轉化，所以如果占得此卦，君子當居安思危。而以〈未濟〉卦終結《易經》全書，也無非藉此昭告世人：事物發展不會窮盡，「窮則變，變則通，通則久」，經歷變化的洗禮之後，又會重新出發，展開一段新的旅程；世界就如是生生不已。

《易經》除闡明上述生滅盛衰、窮變通久的發展演化規律之外，還蘊含其他不少有關宇宙人生的至言妙理。

3　自強不息，厚德載物：〈乾〉卦〈象〉傳云：「天行健，君子以自強不息。」〈坤〉卦〈象〉傳云：「地勢坤，君子以厚德載物。」勉勵君子當效法天體之堅毅剛健、周流不息，從而孜孜不倦地奮發自強，建功立業；同時，又須效法大地之坦蕩遼闊，修養成優良的品格，以廣博的襟懷包容萬物，承擔責任。這種精神是人類社會可持續發展的重要柱石之一，亟須珍視，並予以發揚光大。

4　主中正，無過無不及：六十四卦每卦由上、下兩經卦（三畫之卦稱為經卦）組成，每卦六爻，從下往上數，一、三、五爻為陽位，二、四、六爻為陰位。若陰爻居陰位、陽爻居陽位，謂之得正位；凡位正者有利，反之則否。又，二爻為下卦之中位，五爻為上卦中位，爻居中位多吉，故《易．繫辭》云：「二多譽，四多懼；三多凶，五多功。」可見「中正持平」，不偏不倚，遵從正道，不採偏激、極端立場，不走歪門邪道的重要。

5 貴得時，與時偕行：凡事總要合乎時宜，量力而為，根據不同的地位、條件與情況，看準時機，該行則行，該止則止，不可怠惰，也不可妄動、躁進。如：〈乾．初九〉云：「潛龍。勿用。」〈需．初九〉云：「需于郊，利用恆。无咎。」（譯：守候在郊野，利於有恆心。沒有禍患。）需，就是守候。那是由於時機尚未成熟，條件還不具備，故需要忍耐、等待。而〈大有．上九〉云：「自天祐之。吉，无不利。」（譯：上天保祐他。吉祥，無所不利。）則是因為條件醞釀成熟，行動時機已至，故可全力出擊，大展宏圖，一切如有神助，無往而不利。

這些都告訴我們凡事不可勉強而為，一切必須「應乎天而時行」，進止有度。若時機未至便不宜行動，而不要違背客觀條件，自以為是，執意自行其事。否則，重則頭破血流，一敗塗地；輕亦無功而返，或事倍功半，浪費許多人力資財。反之，若時至而不行，則又會錯失機會，虛擲光陰，釀成無窮的懊悔。

6 滿招損，謙受益：〈益〉卦最後受損，而〈謙〉卦諸爻皆吉，正是明白昭示這一做人處事的道理。〈益・上九〉云：「莫益之，或擊之。立心勿恆，凶。」（譯：無人助益他，却有人打擊他。如立志不夠堅定，凶險。）幸運之人多順境，久而久之，志得意滿，忘乎所以，最後頭腦發熱，以為可以想做就做，定必路路暢通，能人所不能，結果終於泡沫爆破，噩夢來臨。無論歷史與現實，也無論戰場、商場、賭場、考場、情場，或者政壇、股壇、體壇、藝壇、講壇，以至社會人事許多重大紛爭與機會競逐，從來都不乏「欲益反損」「驕兵必敗」的深刻教訓。

再來看〈謙〉這一卦，每一爻都是吉利的，在《易經》全部六十四卦中，僅有〈謙〉卦是如此。其寓意已經明白不過，毋須多言了。

7 尚和諧，陰陽互補：《易經》裏，每當陰、陽爻相應則吉，相遇則通。比如卦爻辭中數見「得尚」（得同心之友相助）之語，皆指相關的陰、陽爻有良好的感應、互動、協同關係。

8 行變革，順天應人：社會需要和諧，才能穩定發展，但又不能藏污納垢、姑息養奸，故問題累積到一定時候，就要着手解決深層次矛盾，除舊佈新，革故鼎新，令發展進一臺階，開創新的局面。〈革〉卦〈彖〉辭：「天地革而四時成。湯武革命，順乎天而應乎人。」正是用自然界的四季更替，說明人類社會也應適時變革的道理。

9 主張德治、仁政，反對霸道、苛政。這在〈臨〉卦中有最清晰的反映。該卦言統治術，除「甘（拑）臨」（以拑制的高壓手段統治民眾）為「无所利」之外，其他「咸（感）臨」（以感化方法治民）、「咸（諴）臨」（以溫和手段治民）、「知臨」（以明智之道治民）等等都是「吉」或「无咎」，可見《易經》作者的政治取向。

10 中心誠信，無往不利。（見下文說解。）

五、說「孚」——華夏德性之光

提到德治、仁政，便不能不談及全書多次出現的「有孚」的「孚」字。

中華民族是講誠信、重道德的民族，這一傳統可上溯至周初，根深柢固，源遠流長。《周易》經文中的「孚」字，便集中體現了周人「重德」的思想，是中華道德傳統的一個重要源頭，閃耀着千古不滅的華夏德性之光。

《易經》的「孚」（fú 俘）字，傳統上皆釋為「信」（見《易傳．雜卦》《爾雅．釋詁》《說文》及《周易集解》《周易正義》等），主要指人的誠信。但近世以來，隨着「疑古」之風的盛行，各種新見異說便紛起蜂出，引起釋讀之疑惑，對人們正確理解《易經》，深入闡發其精義妙理，造成一定的干擾、影響。

這諸多新見中，或把「孚」字釋為俘獲的「俘」，或釋為懲罰的「罰」；有人又解釋為「卦兆」「徵兆」或占筮的「徵驗」之類，遂逐漸向殷商甲骨卜辭靠攏；到近年，便更多地集中指向於釋為「保」「抱」「覆」「輔」等意思，指上天、神靈對人的輔助、庇祐，直接與甲骨卜辭中大量出現的「有又（祐）」、「有保」等用語等同起來。這些意見，多從文字學角度着眼，較少顧及《易經》作為西周朝廷筮書，必然充分反映官方統治思想此一特點，所以雖然在字形、音理上有一定依據，有其參考價值，但實際上，因未能結合周朝社會狀況以及文本整體內容去考察，所以得出來的結論，往往顧此而失彼，偏離當時社會主流思想意識形態，在西周歷史大環境中，總顯得扞格難通。

因此，必須撥亂反正，還「孚」字本來面目，以揭示中華民族淵源久遠的重德傳統，彰顯華夏德性之光。

（二）「孚」字當釋為「信（誠信）」

王國維說：「中國政治與文化之變革，莫劇於殷周之際。……殷周之興亡，乃有德與無德之興亡，故克殷之後，尤兢兢以德治為務。」並博採甲骨卜辭與六經文獻等上古資料，從多方面詳加分析，且特別指出：「故知周之制度典禮，實皆為道德而設。」（見王國維《殷周制度論》）其說頗有道理。因為商人在東，周人居西，雖長期有宗主、附庸關係，但本屬發展狀況不同的部族，所以商、周易代不純是一般改朝換代的政權更迭，而更多地是「舊制度廢而新制度興，舊文化廢而新文化興」（《殷周制度論》）的一場牽連甚廣的革命，人們的思想觀念和社會制度都發生了巨大變化。

商人篤信鬼神，並視皇天上帝為自己的宗族神靈，故一意仰仗上帝的護蔭庇祐，[1] 甲骨卜辭中祈盼「受又（祐）」、「受有又（祐）」、「有保」等辭句比比皆是，人處於相對倚賴的、被動的位置。但周人不同，他們不再單純希冀上天賜福，而更多地反求諸己，強調人的品德修養，以明德立信、「敬德保民」去順天行事，自求多福，相對淡化了神權色彩，人處於較積極、主動的地位。因為從武王伐紂、「小邦周」征服「大國殷」的過程中，他們認定：天命靡常，唯德是輔；黍稷非馨，明德惟馨；只有有德之人，才會獲得上天的眷顧、垂祐，而殷商就是因為「惟不敬厥德，乃早墜厥命」（《尚書．召誥》）的。所謂「湯武革命，順天應人」，這種天命觀，是「文武受命」滅商興周合理合法性的主要精神依據，因此被作為周人的官方思想不斷宣揚，

1 「商人的帝，既有圖騰生祖的性格，其與商人的關係是特定的，專有的，而不能是普遍超然的。商人的神對商人有必須眷顧的理由，不必有道德的標準為給予祐護的要求。簡單的說，商人的神是族羣專有的守護者，而不是對所有族羣一視同仁的超氏族神。」許倬雲著《西周史》（北京：三聯書店，一九九四年）第三章第四節引李宗侗、徐旭生說，頁一〇〇。

並由此對泱泱中華數千年之歷史文化造成了深刻影響。

比如《詩．大雅．蕩》便強調天命不可恃，並歷數商人種種惡德劣政，指出由於其多行不義，弄至天怒人怨，終至自取滅亡。末段振聾發聵，擲地有聲，至今仍不減其智慧光彩：

> 「文王曰咨，咨女殷商！人亦有言：顛沛之揭，枝葉未有害，本實先撥。殷鑒不遠，在夏后之世！」（譯文：「文王說，嘿嘿你們殷商！古人有句話：『樹木倒下連根拔，並非枝葉有毛病，而是根本先朽壞。』你們殷人的前車之鑒並不遠，就在夏桀那時代！」）[2]

「大樹傾倒，非緣枝葉之故，而是由於根本朽壞。」這個「根本」，便是詩中反覆強調的「德」。而殷商之失國，正在於其由上而下，由君主至整個統治集團的缺德、失德、敗德！（在《尚書》《詩經》《左傳》等典籍中尚有不少類似的言論可供參

2 詳見周錫䪖譯注《詩經選》（香港：三聯書店，一九九〇年第四版），頁二九〇—二九四。

證。）而「德」之中，是否具有誠信（因而值得信賴，獲得擁戴）是一項十分重要的標準——對社會上層人士而言尤其如此。這些，對後來形成的儒家學派影響至巨，故「吾從周」的孔子才會提出「民無信不立」（《論語・顏淵》）的著名教誡。《大學》亦云：「大學之道，在明明德，在親民，在止於至善。」「與國人交止於信。……道得眾則得國，失眾則失國，是故君子先慎乎德。有德此有人，有人此有土，有土此有財，有財此有用。德者，本也。」

凡此種種，都可見周人對「德」、對誠信是何等重視。《周易》既是西周朝廷的筮書，所以必然充分滲透這套官方的指導思想。明乎此，便可知道，對《周易》中頻繁出現的「孚」字，必須回歸傳統智慧，解讀為強調修德立誠的「信」，才切近周人的思想特點，才合符《周易》本經的原意。否則，便和殷商卜辭一味仰賴上帝保祐的模式差別不大了。

（二）「孚」字何以可解釋為「信（誠信）」？

但「孚」字怎會解釋為「信（誠信）」？原來「孚」可讀為「符」（兩字聲同、

韻近可通），[3]意謂符合、相應。而符合相應，在《易經》裏，又多指精神、心志上之契合感通，故引申為「信（誠信）」。對上天、神靈而言，是一心一意地虔誠信奉；就人際之間來說，便是同心同德，忠誠守信（自然也意味着互相信任）。

總括而言，全《易經》「孚」字共出現四十二次（連卦名〈中孚〉），除三次（在〈大壯．初九〉〈夬〉〈姤．初六〉）外，皆釋為符、信（作名詞，指誠信；作動詞，指信賴）或其引申義（如聲譽、威望等）。至於另三例的「孚」字則有不同含義，它們不作「信」解，而以音同音近關係，分別讀為「復」（返回）、「俘」（俘虜）與「浮」（躁動不安）。

（三）明德立信，垂範天下

「誠信」是中華民族傳統美德之一（忠、孝和信相依相倚，「忠」「孝」是對特定範疇、對象更專一、強烈、堅執的「信」），泱泱華夏數千年於今不墜，部分也有賴於這一精神支柱。正如溫家寶總理所言：「一個國家，如果沒有國民素質的提高和道

3 見《爾雅．釋詁上》「孚，信也」郝懿行《義疏》。又《史記．律書》「符甲」司馬貞《索隱》：「符甲猶孚甲也。」朱駿聲《說文通訓定聲．需部》云：「符假借為孚。」

德的力量，絕不可能成為一個真正強大的國家，一個受人尊敬的國家」，因此必須「在全社會大力加強道德文化建設，形成講誠信、講責任、講良心的強大輿論氛圍，……剷除滋生唯利是圖、坑蒙拐騙、貪贓枉法等醜惡和腐敗行為的土壤」（二〇一一年四月十四日的談話）。我們也看到，在二〇一二年香港「特首」選舉相當激烈的競逐過程中，社會各界對有關候選人的品格、誠信都十分關注，並有甚高的要求，由此也可見人心趨向之一斑。

在今天這個金權至上、邪惡公行、人慾橫流、道德滑坡的地球上，炎黃子孫真該認真想一想，對中華民族傳統美德這份寶貴的非物質文化遺產，究竟應如何好好珍惜、繼承並大加發揚。只有在經濟飛躍發展、國力迅速提升的同時，用捨我其誰的擔當精神，為世界作表率，樹立指向未來、令人敬佩的道德文明榜樣，那時候，才能真正奏響「大國崛起」的宏偉樂章。

六、《易經》的作者與著作年代

《周易》是周朝的筮書，但西、東周合共長達八百年（約前一一二二或前一〇四六—前七七一；前七七〇—前二五六），到底《周易》寫成於什麼時候？又是何人所著？要全面、正確地理解《易經》，這也是個必須先弄清楚的重要問題。

關於《易經》的作者與著作年代，傳統說法是：八卦、六十四卦卦形符號是由傳說時代的伏羲（即包犧）氏所作，而卦爻辭則成於周文王之手（也有人說文王作卦辭，周公作爻辭）。關於這問題，近世以來歧見紛出，爭論甚烈。大致上分為三大派：一派認為《易經》成書於商末周初（這派接近傳統觀點，在人數上至今仍佔絕對優勢）；一派認為成於西周後期；還有一派則主張成於春秋戰國。學者對此各持一說，互不相下。

但其實，我們只要不盲目地信古或疑古，又盡可能詳細佔有資料，把各方理據充分梳理，做客觀深入的比較研究，要得出正確的、合符歷史真相的結論，也並非太難的事。

（一）《周易》的成書與流播

我意認為，周初原有一本《周易》，乃參照夏之《連山》、商之《歸藏》等同類典籍編纂而成，故卦名、用語、述事或有部分相似之處。[4] 到了西周後期，由於時代

4 見宋人李過《西溪易說・原序》。文淵閣《四庫全書》本，頁六—七。

以及語言的發展，原本《周易》顯得詰屈聱牙、艱澀難讀（就如《尚書》中周武王、成王時代的篇章那樣），不便於實占的應用，於是有關人士（大約是主管卜筮之官）便在古本《周易》的基礎上增損改寫，注入新的資料、觀念和哲理，用當時新興且十分流行的藝術體式——韻文，撰成今傳本《周易》（《易經》），其卦爻辭稱為「繇辭」，也就是歌謠體筮辭之意。由此可見，《周易》從草創到寫定，原是一本藏於周室、主要用來占筮的官方重要著述。

到西周滅亡，王室播遷，政教禮樂流散於諸侯國，於是才見有《左傳・莊公二十二年（前六七二）》所載「周史有以《周易》見陳侯者」那樣的情景出現。隨後，此書的影響不斷擴大，從上層階級推向中下層，結合民間原有的一些占筮活動，社會上便逐漸出現一體多元或稱同源異流的多種筮書與筮術（如上述包山楚簡卜筮簡、馬王堆漢帛書《周易》、阜陽漢簡《周易》以及汲塚竹書《易繇陰陽卦》之類），而正宗定本《易經》的原貌則幸賴戰國楚竹書《周易》基本得以保存。同類的傳本當時曾引起孔子極大的興趣，成為他晚年學習、鑽研的重要對象，於是產生了夫子「五十以學《易》」及「韋編三絕」種種美談，並由此開創出不重占筮，而「以德義為先」、研求哲理為主的儒家一派易學。成於春秋末至戰國的《易傳》便是這派學說的菁華所萃。

（二）《周易》的作者

除少數文字出入外，楚竹書本《周易》和今傳本並無二致，可證今本《易經》乃得古定本的真傳。它的形制或帶有夏、商時代同類著作的影跡，但主要內容（包括卦名義、卦序安排與卦爻辭等）則肯定始創於西周初（公元前十一世紀中），而著成於西周後期（以厲王末年的「共和」時期可能性最大，即公元前九世紀中葉左右）。其始創者為誰暫時無法考究，但最後編定者應是周王朝主管卜筮的官員。不過，有一點可以肯定：無論原創或最後編定之人，都必然是「國師」級的大智慧者。

如要作大膽的推斷，我認為，按身份地位、學養、才情、器識、胸襟品格及所處時代作綜合考慮，能符合此條件，擔當起著成（或主持編定）《周易》之大任者，非「共和」時期（前八四一—前八二八）最高執政官之一的召穆公（姬）虎莫屬。他是三朝元老，曾切諫「厲王弭謗」於前（「防民之口，甚於防川」便是其名言），復佐「宣王中興」於後；在國人暴動，「厲王奔彘（今山西霍縣）」期間，他甘以親子為代，保存了太子靜（後即位為周宣王）的性命，才開創出周朝一度「中興」的局面。他品格超羣，才華卓越，關切民瘼，目光遠大，是一位傑出的政治家、思想家、軍事家（曾率軍平定淮夷，見《詩經．大雅．江漢》）、哲學家，同時又是有作品傳世的詩人（《大雅．民勞》便是召公虎的名篇，「民亦勞止，汔可小康」便是其開篇的名句）。他言行、著作的思想傾向，與《周易》的內涵息息相通，而在「共和」時代，身為國家最高領導人之一，他有很大的創作自由度。因此，我認為，只有召穆公虎，才是最具資格、條件，成為最後著成（或主持編定）以韻文寫就、具備百科全書體制、且充滿崇高治國理念的《周易》之人。

（三）關於《周易》成書年代的證據

我推定《周易》著成於西周後期「共和」時代是有充分根據的：

第一，從內容看。《易經》提及的都是東周以前的事，而沒有東周或東周以後的事；其中較多的是周初、早周甚至殷商的人、物、故事。例如高宗伐鬼方（〈既濟・九三〉）、季歷伐鬼方（〈未濟・九四〉）、帝乙歸妹（〈泰・六五〉〈歸妹・六五〉）、箕子之明夷（〈明夷・六五〉）、為依（殷）遷國（〈益・六四〉）、康侯用錫馬蕃庶（〈晉〉），以及可能是王亥喪牛羊于易（〈大壯・六五〉〈旅・上九〉）；另外，還有「利西南」（〈蹇〉〈解〉〈坤〉）之語、「大國」殷之稱（〈未濟・九四〉）等等。但是，《易經》裏也同樣載有並非周初，而是西周中、後期的重要史實及其他資料。較明顯的例如：

1〈升〉卦的「南征」，以及〈明夷〉卦的「明夷，﹝夷﹞于南狩。得其大首」（〈明夷・九三〉）、「﹝明夷，夷﹞于左腹；獲明夷之心，于出門庭」（〈明夷・六四〉）等卦爻辭實暗藏着有關昭、穆王「南征」的史事。

據古史與金文記載，西周昭王、穆王、夷王、厲王、宣王時都曾大舉「南征」（「南狩」也是南征）。而昭王更「南征而不復」，喪身於漢水之濱；由於死因撲朔迷離，長期成為疑案，以致春秋五霸之首齊桓公可以振振有辭地用來作為征伐楚國的藉口：「昭王南征而不復，寡人是問！」但當地人是知道真相的，所以楚使也能理直氣壯、不卑不亢地回答：「昭王之不復，君其問諸水濱。」（見《左傳・僖公四年》）那麼，事件的真相到底如何？綜合現存各項資料，經去偽存真的分析，我們可以給出合理的答案：

原來當年昭王率大軍南征荊楚，在北返渡過漢水時，突逢災變（似為強烈地震或特大颶風），天昏地暗，野兔奔竄，雉雞驚飛狂鳴，浮橋坍塌，六師盡喪，昭王亦不幸掉落江中，為鱷魚所噬，一命嗚呼。為保面子，朝廷沒有把真實情況赴告天下，以致出現「遇大兕」「逢白雉」乃至類似傳奇小說情節的因「膠舟」水解而溺斃等種種不同傳聞。（《史記・周本紀》載：「昭王南巡狩不返，卒於江上。其卒不赴告，諱之也。」─《古本竹書紀年》：「周昭王十六年，伐楚荊，涉漢，遇大兕。」「周昭王十九年，天大曀，雉兔皆震，喪六師於漢。」「周昭王末年，夜有五色光貫紫微，其年，王南巡不返。」按，此似為「地光」之類的大地震或其他重大災變前兆。又《呂氏春秋・音初》:「周昭王親將征荊，辛余靡長且多力，為王右。還反涉漢，梁敗，王及祭公抎於漢中，辛余靡振王北濟，又反振祭公。」抎，通「隕」，墜落。屈原〈天問〉:「昭后成遊，南土爰底，厥利維何？逢彼白雉。」昭后，即周昭王。聞一多認為雉乃「兕」之誤，見《楚辭校補》。）

因此後來穆王南伐，途經江漢時，便通過大規模的狩獵行動為「父王」洩憤報復——捕殺一批鱷魚，令其陳屍江面（《古本竹書紀年》:「周穆王七年，大起師，東至於九江，架黿鼉以為梁。」鼉，即揚子鱷。其實是殺鱷浮屍，被訛傳為「駕黿鼉為梁」。梁，橋）；又弋射鳴雉，挖心以祭（古人迷信「鳥占」，認定當日的雉雞飛鳴帶來不祥之兆，遂遷怒於鳴雉）。這便是〈明夷〉卦所曲折反映的一段西周中期的重大史實。（按，「明夷」，即鳴雉，高亨先生已有此見；「大首」，指活躍於江漢流域的揚子鱷，頭特大而身小，故稱。其用代稱而不用本名，那顯然是為昭、穆王諱、為周室諱，故特意含混其辭，隱約其事。）而〈升〉卦則記述了周王一次登祭岐山，為南征虔誠祈求福祐之事，整個過程夜以繼日，隆重之至，若非準備親征，斷然不會如此。

2〈比䷇〉卦：「不寧方來，後夫凶。」（譯：不馴服的方國來朝，遲到的凶險。）所指實為周夷王「三年，王致諸侯，烹齊哀公于鼎」（《古本竹書紀年》）那驚心動魄的血腥一幕。這裏再度隱約其辭，無非也是所謂「為尊者諱，為親者諱」而已（齊為太公望之後，與周王室歷代通婚）。

3〈乾．用九〉「見羣龍，无首，吉」的爻辭也很值得留意，它極可能與西周後期「共和」時代的政治形勢有關。當日因厲王無道，被國人起義推翻，流亡彘地，朝中無主，遂由眾諸侯推舉周公、召公與共伯（名和）執掌朝政，而以年高德劭的共伯為首，史稱「共和行政」。直到厲王去世，周、召二公擁立太子靜即位為宣王（前八二七），共伯和歸國，才結束了那一歷史階段。〈乾．用九〉稱「羣龍无首」為「吉」兆，正反映了「共和」時期的特殊政治色彩。

4〈比〉〈否〉〈臨〉〈觀〉〈井〉〈革〉諸卦表達了統治者治國安民的理念和施政大計，主要是：行仁政，反苛政；用賢良，除奸佞；去舊圖新，及時變革；集思廣益，視民進退，即深入了解國情、民意，據之制定相應政策。……這些，便是「共和」時期之秉國者在汲取時局與歷史經驗的重大教訓之後，痛定思痛，試圖與民更始，刷新敝政，以延續並鞏固西周王朝統治的新思維、新路向、新方略（至於能實行多少是另一回事）。

以上是《易經》成書於西周後期「共和」時代的有關內容方面的有力證據。

第二，從語言形式看，《易經》既含有西周早期的特點，也頗多西周中、晚期的語言特點。[5]後者如：

1 連詞「而」的出現。甲骨文無此虛詞，西周早期金文亦未見，要到西周後期才面世，但尚較罕用，至春秋時始流行。《易經》共有五例：「不克訟，歸而逋」（〈訟．九二〉）；「同人先號咷而後笑」（〈同人．九五〉）；「盥而不薦」（〈觀〉）；「舍車而徒」（〈賁．初九〉）；「不鼓缶而歌」（〈離．九三〉）。

2 詞尾「如」「若」「然」的使用。《易經》共有二十一例，如「乘馬班如」（〈屯．六二〉），「出涕沱若」（〈離．六五〉），「履錯然」（〈離．初九〉）等等。

3 以「享」代「祭」。由商代到西周初，祭祀一般稱「祭」不稱「享」，到西周中葉後才多用「享」字。《易經》有「利用享祀」（〈困．九二〉）等六例，而「祭」僅一見。

5 詳見拙文〈《易經》的語言形式與著作年代〉，原載《中國社會科學》（中國社會科學院編），二〇〇三年第四期，收入拙著《易經詳解與應用》（香港：三聯書店，二〇〇七年修訂版），這裏僅略述其要。

4 以「其」代「厥」。由商代到西周初，第三人稱（含遠指）代詞均用「厥」，不用「其」，至西周中晚期才漸用「其」字。而《易經》之第三人稱代詞幾全用「其」（共一百例），用「厥」僅得一例。

5 疊詞、疊音詞與雙聲疊韻詞數量甚多。疊詞、疊音詞共二十二例，如「謙謙」「翩翩」等等。雙聲疊韻詞共二十九例，如「屯邅」（雙聲）、「盤桓」（疊韻）、「齎咨」（雙聲兼疊韻）等等。

6 齊言（以二、三、四言為多）、排比、對偶句的大量出現與頻密應用。如〈蒙〉卦之「發蒙」「包蒙」「困蒙」「童蒙」「擊蒙」；〈剝・上九〉之「君子得輿，小人剝廬」，等等。

以上這些都是不早於西周中、後期的語言現象。

第三，也是最能突顯《易經》語體之時代特徵的，就是普遍用韻的藝術形式。中國的詩文本非一向有韻，「押韻」這種同中見異、具迴環複疊之美的藝術形式實萌芽於商、周之際（公元前十一世紀），而成熟於西周中、晚期（公元前十至前八世紀），它與同採聲、韻複疊形式的疊音詞以及雙聲疊韻詞的產生、發展基本上是同步的；而這些發展和西周禮樂文化的發展又有着異常密切的關係。散文用韻是受詩歌影響，所以出現自較詩歌為遲。據現有資料，商、周甲骨文，西周初期金文以及《尚書》等文獻中屬於周武王、成王時代的作品，都還沒有韻語。西周中期略有一些，但形式不太工整。直到西周晚期金文如厲王〈㝬鐘〉、宣王時〈虢季子白盤〉和《尚書》後期作品（如〈洪範〉等）才多見較純熟的韻語。總之，散文的韻律化、詩化，在西周中期始初見端倪；至西周末有相當發展，但尚欠成熟；而到了春秋戰國方盛極一時。

《易經》正是西周後期對散文作全盤「韻化」的一個嘗試。全書卦爻辭普遍協韵，有些更如詩句，但由於筮辭格式、術語的限制，加以散文用韻的創作經驗尚淺，故形成韻語、散句、謠諺參錯並用的一種「雜拌」體式，句子每每長短不一，押韻的技巧顯得較為粗糙（多異調相協，韻位也不太規則），遠不如後來的《老子》《易傳》或《詩經·國風》般流暢整飭，鏗鏘可誦，整體來說，尚處敍事、說理散文韻律化的初級階段。若依「韻文成熟度」衡量，應與西周後期厲王〈㝬鐘〉銘文的發展水平大致相當。

綜合《易經》全書內容、語言藝術形式特點以及作者所需的條件及其情況一併考察，結論是：**今傳本《易經》應草創於西周初（公元前十一世紀中），而著成於西周後期的「共和」時代，即公元前八四一——前八二八年。最有可能的作者（或主持編定者）是當時最高行政長官之一、作為周初與周公旦一同輔政的召康公奭後裔的召**

穆公虎。[6]

七、卦爻辭的斷句與釋讀

解決了《易經》的作年之後，要真正讀懂《易經》，還須解決卦爻辭應如何斷句、標點，以及怎樣理解、釋讀的問題。今天常見《周易》本子的斷句多由古本（主要是《十三經注疏》《周易集解》和朱熹《周易本義》等等）沿襲而來，大同小異，其合理之處固所在多有，但存在問題也並不少，常見者是該斷不斷，而不該斷卻誤點誤斷的情況，由此而引發誤解、誤譯的連鎖反應，對廣大讀者便形成誤導，影響非淺。

有鑒於此，本人嘗試運用音韵、語法、義理、象數、考證、占筮多元結合的方式，並利用近年出土的簡帛材料，對《周易》卦爻辭重新進行標點、釋義工作，以糾正前人斷句、解讀之訛誤，希望藉此為《易經》的深入探索與現代應用提供較良好前提。在《周易》研究史上，這樣做也許還是首次。

6 關於《易經》的著者與作年，筆者有更新更詳盡的論述，請參閱周錫䪖《易經詳解與應用（增訂本）》（香港：三聯書店，二〇一五年）之有關章節。

以下是在卦爻辭斷句與釋讀問題上須重點留意的幾個方面：

（一）必須依韻斷句、標點[7]

由於《易經》是韻文，所以給卦爻辭斷句，首先必須注意韻位，依韻點斷（就像對其他詩歌、韻文一樣），而不能囿於傳統習慣（大量古人傳本都是如此斷句），用「散文句法」（即一般人熟悉的常規句法）觀念作句讀之指南，按個人對文義的理解去隨意點斷。坊間眾多《周易》讀物（包括古本與今本）就是由於忽略了這一重要問題而造成不少差誤。例如：

〈蒙〉卦六三爻辭：「勿用取女。見金，夫、不有躬。无攸利。」（譯：不要娶女子。見到財禮，丈夫會喪命。無所利。）（注：取，通「娶」。金，錢財，指代女方陪嫁的財禮。躬，身體。）

7 詳細請參看拙文〈論《易經》標點的原則與方法〉，原載《周易研究》，二〇〇九年第六期，這裏只是略述其要。

按，女和夫（均古韻魚部）協韻，金和躬（均古韻侵部）協韻，所以這樣標點。但諸本幾乎都斷作「見金夫，不有躬」（如《周易正義》《周易集解》《周易本義》《周易尚氏學》《周易通義》《周易譯注》《白話易經》等等），而把「金夫」釋為「武夫」，或「有錢的男子」，那顯然欠妥。因為：從形式看，那樣「躬」字便失韻；從內容看，原文「勿用取女」是先下判斷（作出結論），「見金，夫、不有躬」是說明理由，前後意義連貫（意謂，因該女「克夫」，故不可娶）；現在卻變成「勿用取女」是就男方說，而「見金夫，不有躬」是就女方說，前後不一，表意混淆。可知那樣斷句是錯誤的。唯獨高亨先生《周易大傳今注》點為：「勿用取女，見金，夫不有躬，无攸利。」比較可取，但未把「夫」字點斷，顯出韻位，仍是缺失。

（二）必須弄清句法特點，辨明句子的結構關係

與上一點相關，由於《易經》是韻文，所以常用詩歌句法，但詩歌句法與一般散文句法是有不同的（比如，詩句的詞序、語序可因應押韻或表達效果的特殊需要而隨意顛倒），[8] 因此要正確理解文意，還須留意句法問題。例如：

8 詳見拙著《中文寫作新視野——從實用寫作到文學創作》（香港：三聯書店，二〇〇七年），第三章「『詩歌句法』與文學創作」，頁四五—六五。

1 主謂倒裝——

〈乾〉卦爻辭之「潛龍」、「見龍（在田）」、「飛龍（在天）」、「亢龍」、「見羣龍」等，其實都是主謂倒裝句（為協韻而倒：龍、用協韻，又與其他各爻龍字協韻），應譯作：龍潛伏着；龍出現（在田野）；龍飛（到天上）；龍高飛遠舉；羣龍一起出現；等等。但人們未明此理，所以各譯本多把「潛龍」譯為「潛伏的龍」；把「亢龍」譯為「亢進的龍」或「處在極高處的龍」；把「見羣龍」譯為「看見許多龍」或「發現羣龍」，等等。

2 賓語直接前置——

在漢語中，「動詞＋賓語」是常見的句法形式，但在古代漢語中，賓語前置的情況也相當普遍，不過，那一般是有條件的，比如否定句中的代詞賓語或疑問句中的疑問代詞賓語便多前置，例如：「我無爾詐，爾無我虞。」（《左傳・宣公十五年》）「吾誰欺？欺天乎？」（《論語・子罕》）等等。如果是普通賓語前置，會加上助詞維（唯）以及由指代詞虛化而來的「之」「是」等詞作形式標誌，例如：「豈无他人，維子之好。」（《詩・唐風・羔裘》）「將虢是滅，何愛於虞！」（《左傳・僖公五年》）等等。

而《易經》的賓語同樣有上述情況，例如：

〈坤〉：「元亨，利牝馬之貞。」

譯：「利於占問雌馬的事。」「牝馬」為賓語，用「之」作前置標誌。

但《易經》的普通賓語還有另一種情形，就是無條件直接前置者頗多。例如：

（1）〈小畜・上九〉：「婦貞，厲。」

譯：「占問婦女的事，危險。」「婦」為賓語，直接置於動詞謂語「貞」之前。這句不能譯作「婦人占問」。而〈恒・六五〉：「貞婦人，吉。」便沒有前置。

（2）〈觀・六二〉：「利女貞。」（〈家人〉卦辭同。）

譯：「利於占問女子的事。」「女」為動詞詞組「女貞」中的前置賓語。這句不能譯作「利於女子占問」。

（3）〈明夷・九三〉：「不可疾貞。」

譯：「不可占問疾病。」即占問疾病則不吉。「疾」為前置賓語。而〈豫・六五〉：「貞疾，恆不死。」便沒有前置。

《易經》中類似的例子甚多，如「幽人貞」「利艱貞」「安貞」「居貞」「永貞」「旅貞」等等，都應作「賓語直接前置」的句子釋讀。

3 定語後置——

定語，是放在名詞前面的修飾成分，所以「定語＋中心詞」是古今漢語的共同格式。但《易經》有的句子，定語卻跑到中心詞的後面。如：

（1）〈損・上九〉：「弗損益之，无咎。貞，吉；利有攸往。得臣、无家。」

「得臣、无家」，即「得無家之臣」。定語後置。「臣」，奴僕的通稱。「家」，指家室。臣字入韻，故點斷。

以下兩例究應如何解讀，難倒了不少《易》學專家。但其實也是定語後置句，並無太大的特殊之處。

（2）〈旅・六二〉：「旅即次，懷其資，得童僕貞。」「得童僕貞」，即「獲得忠心的奴僕」。「童」，奴（《說文》）。「貞」，正（見《易・師・彖》），此指忠誠；作定語，修飾「童僕」。

（3）〈旅・九三〉：「旅焚其次，喪其童僕（貞）。貞，厲。」前一貞字據楚簡《易》補，釋「正」。「喪其童僕貞」，即「失去他忠心的奴僕」，也是定語後置。後一貞字仍作「占問」解。

《詩經》也有這種句法，如：

天命玄鳥，降而生商，宅殷土芒芒。（《商頌・玄鳥》）

「芒芒」，廣大貌。為與「商」協韻而後置。《左傳・襄公四年》：「芒芒禹跡，畫為九州。」便沒有倒置。

4　另外，有時某些句子的結構形同而實異，也必須分辨清楚，否則容易弄錯文意，導至誤解、誤譯。例如：

〈大畜〉之六四、六五、上九爻，分別是「童牛之牿」，「豶豕之牙」與「何天之衢」，句法形式表面一致（形成排偶關係），但實際結構卻各不相同：前者是賓語前置句，意為「牿童牛」，即「給童牛加牿」；「之」由指代詞虛化而來，作賓語（童牛）前置的形式標誌。中間的是主謂句，猶言「豶豕牙兮」，謂小豬長出了牙齒；「之」是語助詞，起加強語氣作用。後者是正常的動賓句，意為「蒙受上天之洪福」；「之」是結構助詞，作定語（天）的標誌。

在研讀《易經》過程中，如果能注意做到以上各點，對我們正確地給原文斷句、標點，把握文本的真義，更好地參透易道、易理，相信必大有幫助。

八、《易經》的用韻

《易經》韻位甚密，韻式多樣。筆者撰成之《易經韻讀》，與以往諸家均有不同，唯限於篇幅，未能納入本書，尚祈讀者見諒。但是，凡涉及斷句問題者，必以按語形式在注中扼要指出，以明依據。

為方便討論，本書之上古音分部，以王力先生《詩經韻讀》所擬，並為徐中舒先生主編《漢語大字典》及唐作藩先生《上古音手冊》基本採用之古韻十一類三十部為據。表列如下（見下頁）。

需要說明的是，有關擬音只是一家之言，誠如王力先生所說，古音擬測不可能完全反映上古的實際語音，但如果是合理的擬測，有可能反映上古的語音系統。[9] 倘能如此，也已經不錯了。

9　王力《詩經韻讀》（上海：上海古籍出版社，一九八〇年），頁四〇。

	陰聲	入聲	陽聲
(一)	1 之部 ə	2 職部 ək	3 蒸部 əng
(二)	4 幽部 u	5 覺部 uk	6 冬部 ung
(三)	7 宵部 ô	8 藥部 ôk	
(四)	9 侯部 o	10 屋部 ok	11 東部 ong
(五)	12 魚部 a	13 鐸部 ak	14 陽部 ang
(六)	15 支部 e	16 錫部 ek	17 耕部 eng
(七)	18 脂部 ei	19 質部 et	20 真部 en
(八)	21 微部 əi	22 物部 ət	23 文部 ən
(九)	24 歌部 ai	25 月部 at	26 元部 an
(十)		27 緝部 əp	28 侵部 əm
(十一)		29 盍部 ap	30 談部 am

《易經》協韻包括三種情形：一、同部相協。二、同類相協（陰、陽、入對轉），可稱通韻。三、異類相協（主要元音相同，如陽 ang 與元 an；或韻尾相同，如東 ong 與陽 ang；或元音相近，如之 ə 與幽 u 等），可稱合韻。由於上古用韻偏向於比較寬鬆、隨意，所以《易經》中「合韻」的情況相當常見，與後世成熟的韻文（如唐詩宋詞等）有所不同。

九、卦爻知識

本書使用了詮釋《易經》的一些傳統術語，為便讀者，簡要說明如下：

（一）關於卦

1　經卦與別卦：三畫之卦稱為經卦（又名單卦），共八個，即乾☰、坤☷、震☳、巽☴、坎☵、離☲、艮☶、兌☱。六畫之卦稱為別卦（又名重卦、複卦），由八經卦兩兩重疊而成，共六十四個，本書特加書名號以作識別，如〈乾䷀〉〈坤䷁〉〈屯䷂〉〈蒙䷃〉〈需䷄〉，等等。

2　陽卦與陰卦：奇數為陽，故爻畫為奇數之經卦稱陽卦，即乾、震、坎、艮四卦；其主爻為陽爻，其性剛。偶數為陰，故爻畫為偶數之經卦稱陰卦，共坤、巽、離、兑四卦；其主爻為陰爻，其性柔。

3 內、外卦與下、上卦：每別卦中，在下之經卦稱內卦或下卦，在上之經卦稱外卦或上卦。先秦時代，內卦稱為貞，外卦稱為悔。

4 反卦（古稱「錯卦」「旁通」）：一別卦變為陰陽爻與之完全相反的另一卦。如〈乾䷀〉與〈坤䷁〉，〈頤䷚〉與〈大過䷛〉，〈坎䷜〉與〈離䷝〉，〈中孚䷼〉與〈小過䷽〉，便是反卦關係。

5 倒卦（古稱「綜卦」「覆卦」）：一別卦卦體迴轉一百八十度，六爻完全顛倒而成另一卦，稱「倒卦」。如〈屯䷂〉之倒卦為〈蒙䷃〉，〈需䷄〉之倒卦為〈訟䷅〉，〈剝䷖〉之倒卦為〈復䷗〉，等等（既反且倒者亦歸入「倒卦」範疇，如〈泰䷊〉與〈否䷋〉之類）。倒卦形成「反對之象」。在《易經》全部六十四卦中，除前述〈乾〉與〈坤〉等四對是以反卦關係相連外，其餘二十八對（五十六卦）皆以倒卦關係對對相連。此即孔穎達《周易正義》所說：「二二相耦，非覆即變。」覆，指倒卦；變，指反卦。

6 本卦與之卦：在占筮活動中，如果出現變爻，一卦便會變為另一卦。原來的卦體稱「本卦」，因爻變而形成的另一卦稱「之卦」（又稱「變卦」）。之，是去、往之意，這裏指卦爻的變化。如說「〈小畜䷈〉之〈巽䷸〉」，意思是〈小畜〉卦初爻變（由陽變陰），成〈巽〉卦。〈小畜〉是「本卦」，〈巽〉就是「之卦」。

7　體：指卦體。如說「三居震體」或「三體震」，即指第三爻在震卦卦體（也就是震卦）中。

8　互：指互卦，又稱互體。即每別卦中，由內、外卦之爻交互組成的新卦體。如二、三、四爻可組成一卦，三、四、五爻又可成一卦。此為先秦古法，故本書亦沿用。如析〈屯·初九〉云：「四體艮（三至五爻互艮）」，即指〈屯〉卦之三、四、五爻組成艮卦，而第四爻即在此卦體中。

9　卦象：指八經卦與六十四別卦所代表的事物、性狀，以及由卦與卦的關係而衍生的意象。別卦由經卦重疊構成，故六十四卦卦象亦由八卦卦象構成。八卦與六十四卦所代表的事物、性狀，集中見於先秦《易傳》（尤其是〈說卦〉傳），故本書取象，即以〈說卦〉及其合理之引申為主，部分則根據其他《易傳》或卦形而來，亦有採自《左傳》《國語》者。其餘漢人繁瑣蕪累之說，如伏象（覆象）、半象或強以爻變、卦變成象等等，一概「潛龍勿用」。

10　十二消息卦：古人以〈復䷗〉〈臨䷒〉〈泰䷊〉〈大壯䷡〉〈夬䷪〉〈乾䷀〉與〈姤䷫〉〈遯䷠〉〈否䷋〉〈觀䷓〉〈剝䷖〉〈坤䷁〉十二卦代表一年十二個月，此十二卦剛柔二爻的變化，體現陰陽二氣消長的過程；息為生長，消為耗散，故稱消息卦。前六卦為陽息陰消，表示陽氣從下往上逐漸增長，稱息卦；後六卦為陰息陽消，表示陰氣從下往上逐漸增長，稱消卦。

（二）關於爻

1　爻名、爻位、爻性：每卦初九、初六、九二、六二……上九、上六等等稱為爻名，或爻題。其中初、二、三、四、五、上標明六爻自下而上之位次，稱爻位。九、六標示爻性：九為老陽之數，代表陽爻，其性剛；六為老陰之數，代表陰爻，其性柔。

2　陽位、陰位：初、三、五爻之位為陽位；二、四、上爻之位為陰位。

得位、失位：凡陽爻居陽位，或陰爻居陰位，稱得位，又稱當位、位當、位正、位正當、得正、得正位。凡陽爻居陰位，或陰爻居陽位，稱失位，又稱不當位、位不當、位不正、非其位、不正、失正、失其正。得位者有利，表示人之才能品德與其職務、地位、行事相稱；失位則反是。

3　天位、地位、人位：《易傳》認為，六爻分為「天、地、人」「三才」，初、二爻象地，三、四爻象人，五、上爻象天。二爻屬陰位，故為「地位」；三爻屬陽位，故為「人位」，五爻屬陽位，故為「天位」。天位又是君位、尊位；地位又是臣位。

4 上位、中位、下位：初爻為下卦下位，二爻為下卦中位，三爻為下卦上位；四爻為上卦下位，五爻為上卦中位，上爻為上卦上位。故初、四爻，二、五爻，三、上爻，稱同位。

5 得中與不中：在中位者稱中、得中、居中或處中。若陽爻居中位，稱剛得中；陰爻居中位，稱柔得中。不居中位者，稱不中。得中有利，表示能行正中之道；不中反是。這裏反映出古人「尚中」、貴中和的思想。

6 中正與不中不正：陰爻居下卦中位（六二），或陽爻居上卦中位（九五），為得位得中，又稱居中得正，簡稱中正。陰爻居陽位又不在中位（如六三），或陽爻居陰位又不在中位（如九四），稱不中不正，或不中正。中正者有利；不中正者一般不利。

7 承、乘、比、應、據。

承：一爻在他爻之下（多指陰爻居陽爻下），則此爻對在上之爻稱「承」。

乘、據：一爻在他爻之上，則此爻對在下之爻稱「乘」，或稱「據」。（陰爻居陽爻上多稱乘，陽爻居陰爻上多稱據。）

比：相鄰之爻有親密的夥伴、輔助關係，稱「比」。成「比」者多為陰、陽爻，如〈履．九二〉，上比於六三；〈大有．上九〉，下比於六五；等等。

應：指爻與爻間互相呼應（感應）的密切關係。相「應」者例屬同位之爻（稱應爻，如初、四爻，二、五爻，或三、上爻），一般為一陰一陽，亦偶有例外（見〈中孚．九二〉）。兩爻若互應，稱為相應、得應、有應或正應（當位而應）；反之，則稱為不應、失應、無應或敵應。得應有利，失應多不利。如〈小畜．九三〉，失應於上六，即三、上敵應，故產生負面結果。又若敵應而強行相應，亦產生負面效果，如〈井．九二〉〈姤．九五〉。

以柔從剛：指陰爻在陽爻下；又稱承陽。為吉利之象，例如〈蒙．初六〉。

以柔乘剛：指陰爻居陽爻上。所為不順，為不利之象，例如〈蒙．六三〉。

8　爻象：由爻性（陰陽、剛柔）與爻數（爻的位次）所制約而體現的事物之一定的性狀、意象，以及由爻與爻、爻與卦間的關係所衍生的意象。由於爻性本身亦由成卦時蓍草的數目決定（七、九為陽爻，八、六為陰爻），所以象、數實密不可分。

9　變爻（又稱「動爻」）與不變爻（又稱「靜爻」）：以蓍草佈卦或擲錢成卦時，若所得數為七，稱少陽，所得數為九，稱老陽；所得數為八，稱少陰，所得數為六，稱老陰。老陽、老陰都是可變爻（即動爻），少陽、少陰都是不變爻（即靜爻）。

（三）關於象數分析

根據卦象、卦位與爻象、爻數（位）而作出的推斷、分析，稱為象數分析。

十、關於引用書目

文中引書多種，本導讀結集出版時，為免繁冗，略去引用書目。

儒學

《禮記》導讀

今天，為什麼我們還要讀《禮記》？

香港公開大學人文社會科學院兼任導師
劉志輝

一、《禮記》的作者、成書及研究

《禮記》，又稱《小戴禮記》。

在先秦時期，《禮記》並未成書，它只是單篇流傳，或被收錄在一些儒家弟子的「記」文之中，所以《禮記》的篇章並非成於一人之手。至於《禮記》的編撰人是誰，歷來説法紛紜，據《隋志》《唐志》所載，西漢宣帝時，禮學家戴聖將春秋末年至戰國晚期一些解釋和補充《儀禮》的文獻編纂成書。不過，按孔穎達《禮記正義·序》引東漢鄭玄《六藝論》云：「戴德傳記八十五篇，則《大戴禮》是也；戴聖傳禮四十九篇，則此《小戴禮》是也。」這裏只説了戴聖傳授《小戴禮》，卻未説戴聖是編者。**關於今本《禮記》的編者誰屬，從來就各有説法。不過據近現代之學者考證，戴聖為今本《禮記》的編者的可能性頗大。**

漢宣帝時，戴聖（叔）、戴德（姪）與慶普的禮學，號稱為《儀禮》三家之學，至漢平帝時，三家同被立為官學。故大、小二戴《禮記》都是今文學派的作品。

與此相比，若説大、小二戴的《禮記》是屬於今文學派的，那麼漢代劉向（前七七—前六）的《禮記》輯本則是古文學派的代表。據《漢書·藝文志》記述：「有《記》（即《禮記》）百三十一篇、《明堂陰陽》三十三篇、《王史氏》二十一篇、《樂記》二十三篇、《孔子三朝》七篇」，上述各篇可能都是劉向《禮記》的輯本來源。據研究顯示，就成書時間而言，大戴《禮記》可能成書於宣帝中期，小戴《禮記》約成書於元帝永光四年至五年之間。至於成帝末年，始有劉向《禮記》問世。[1]

眾所周知，今、古文經在兩漢經學上一直糾結不清，關係複雜，而上述的三種《禮記》輯本，雖然在材料選編和篇目訂定上都各有取捨，互不相襲，但是三者都可以說是今、古文經「互動」的「混合體」。以對古文《禮記》的吸收為例，三部《禮記》中，劉向最為積極，他輯錄了二百零四篇古文經，戴德次之，戴聖最少，僅從古《禮記》二百餘篇中選取了四十餘篇，然而，比較大小戴與劉向三家整合《禮記》的做法，可以看出其中的分歧並不是今古文經學的分歧。[2]到了東漢，大、小二戴的《禮記》壟斷了官學的位置，但據《後漢書．儒林傳》所記，官方今文經的傳人頗多，唯獨今文系統的大、小二戴《禮》學的傳人「不顯」，未記名氏，由此可見，大、小二戴《禮》學在東漢時已逐漸衰微。

1 王葆玹：〈禮類經記的各種傳本及其學派〉，姜廣輝主編：《中國經學思想史》（北京：中國社會科學出版社，二〇〇三年），頁二二三。

2 王葆玹：《今古文經學新論》（北京：中國社會科學出版社，一九九七年），頁三一三—三一四。

不過官學畢竟是官學，小戴《禮記》（下稱《禮記》）早已有人研究或作注疏，據《後漢書．橋玄傳》記載，戴聖在世之時，弟子橋仁已著《禮記章句》四十九篇。其後，馬融（《禮記注》）、盧植（《禮記解詁》）等都對《禮記》進行注解。當然，東漢末年鄭玄的《禮記注》是至今仍然完整保存的《禮記》最早注本。除了曹魏至西晉時王肅的《禮記》三十卷被立為官學，鄭玄之學曾一度被壓抑之外，鄭氏的《禮記》一直為學者所宗。至南北朝時期，義疏之學興起，是時南朝皇侃（《禮記義疏》四十八卷），北朝熊安生（《禮記義疏》三十卷）均以為鄭注《禮記》作義疏而聞名。皇、熊二氏之《禮記義疏》開唐人注疏之先河，**唐太宗時期，國子祭酒孔穎達（五七四——六四八）奉詔考訂《五經》，把《禮記》（《小戴禮記》）與《周易》《尚書》《毛詩》《春秋左氏傳》並舉，撰寫成官方經學教科書——《五經正義》。自此，《禮記》正式躋身「經」的行列，而且廣受天下讀書人的歡迎。**又因孔氏宗鄭氏之學，又好南學，使鄭玄之學得以彰顯，不過其他注本皆不傳。

漢唐以後，研究經學的風氣漸變。趙宋一朝，研究《禮記》的不再恪守鄭注、孔疏，而着重作義理的解讀。宋代治《禮記》之學最力者為南宋人衞湜，他的《禮記集說》共一百六十卷：「採百四十四家《禮記》」之說[3]，保留了漢至南宋以來諸家學說。到了元代，又有吳澄的《禮記纂言》三十六卷和陳澔的《禮記集說》十卷，後者於明代永樂以後為科舉取士之經則。至於明代，研究《禮記》者多附會之說，其中較有影響力的為黃道周的《禮記解》五篇，此書多指辨鄭玄之說，駁難前人之學，頗有宋學遺風。

迄至清代，經學大盛。對《禮記》的研究大致可分為三類：一、是對《禮記》部分篇章作深入研究，如黃宗羲的《深衣考》一卷；二、是對雜見於禮經總義和經書考證的著述，如李光坡的《三禮述注》；三、是對《禮記》全書進行整體研究。如王夫之的《禮記章句》四十九卷、孫希旦的《禮記集解》六十一卷、朱彬的《禮記訓纂》四十九卷，而孫、朱二人之作可以說是清代《禮記》研究的代表作，前者較後者更為人所樂道。

到了近現代，比較有影響力的《禮記》研究有：梁啟超的《要籍解題及其讀法》、王文錦《經書淺談》，二者不僅對《禮記》四十九篇作出了分類，而且又劃分了內容。王夢鷗的《禮記今注今譯》、楊天宇的《禮記譯注》、錢玄的《禮記（注譯）》、王

3 紀昀等編：〈經禮・禮類〉，《四庫全書總目提要》，第二十一卷，頁一六九。

文錦的《禮記譯解》等，都對《禮記》一書作詳細今注，並載有白話譯文。而近年丁鼎的《禮記解讀》雖然只在《禮記》中選了二十四篇進行解讀，但其導言部分對《禮記》的學術價值、成書、各篇編者和寫作年代、各篇的篇名、內容及分類，以及《禮記》學的發展和演變均有記述，實是研究《禮記》的一本入門書。當然，若欲一窺《禮記》之風貌，則胡平生、陳美蘭譯注的《禮記　孝經》可謂是不二之選。

從象牙塔內觀之，從來《禮記》研究多專注於由「記」看「禮」：集中關注成書年代、篇目編次與考訂，探討「記」的文學、哲學蘊涵的主題，或專注於由「記」證「禮」，即利用「記」文印證考古發現的真偽。[4]近年，《禮記》的研究進入了新里程。例如林素玟曾試圖構建《禮記》「整全一貫」的美學思想[5]，又嘗試從「神聖空間」對身體的審美治療價值切入，建構《禮記》的「審美治療」理論。[6]此外，又有學者

4 在日本，自明治（一八六八—一九一二）至昭和（一九二六—一九八九）時期，對《禮記》的研究是以文獻學的進路為主，或是以「思想史」方式作為研究的切入點。見工藤卓思：〈近一百年日本《禮記》研究概況——一九〇〇—二〇〇八年之回顧與展望〉，《中國文哲研究通訊》，第十九卷，第四期，頁五三—一〇一。

5 林素玟：《〈禮記〉人文美學探究》（臺北：文津出版社，二〇一一年）。

6 林素玟：〈《禮記》神聖空間的審美治療〉，《華梵大學學報》，第十期（二〇〇八年），頁一一—三五。

從神話學的角度，探討《禮記》裏中國神話式歷史敘事與文化編碼如何規約禮制文明的文化敘事[7]。

但作為中國的禮學「經典」，《禮記》又豈只會是象牙塔的「恩物」。從來，「經典」總是離不開不斷被「閱讀」和「詮釋」的過程。隨着時代洪流的沖刷，「經典」既載負着傳統文化的精華，同時又被賦予新的「時代意義」。

二、「禮」的意義

二十一世紀，是一個充滿危機的時代。上世紀的七十年代，新自由主義興起，把人類推向一個「以一己為中心」的境地。隨着全球經濟衰退和國際金融危機陸續登場，人們開始對「新自由」又愛又恨。簡單而言，我們同意個人的自由是可貴的，但也同時意識到「極端的個人主義」，會為人類帶來一場「自由的噩夢」。今天，我們讀《禮記》的時候，或許可以從古代的「禮儀」之中找到解救危機之道。

若然我們同意「極端的個人主義」是當代政治、經濟和社會的危機之源，那麼

7　唐啟翠：《禮制文明與神話編碼》（廣州：南方日報出版社，二〇一〇年），頁一二一。

《禮記》一書正好是一帖對症的良藥。**所謂「禮源於俗」，《禮記》所記的不是老掉牙的「禮儀」，而是一種歷久常新的「生活體驗」。準確地說，《禮記》揭示的正是個人與他人、社會、國家，甚或是宇宙之間的「互動過程」。**我們發現在《禮記》的世界裏，「人」不是單獨的「個體」，而「自我」的成長更是與他人、社會、國家相輔相成的。就此而論，個人履行「禮儀」，並非循規蹈矩的「守禮」，而是通過禮儀的實踐來成就自己。此外，若我們在履行禮儀的時候，明白到「互動」的意義為何，那麼我們早已經在不知不覺間，把「唯我獨尊」的「自我」消融在禮儀之中。

譬如，時至今日，中國人還愛講「禮尚往來」，每逢時節喜慶，送禮的環節總不可缺。送／收禮是一種「經驗」，它經常「發生」在日常生活之中。若然我們未能「發現」這種「經驗」背後的「意義」，那麼「送禮」還是一套繁文縟節而已。《禮記．曲禮上》記錄了以下一段話：

> 太上貴德，其次務施報。禮尚往來。往而不來，非禮也；來而不往，亦非禮也……夫禮者，自卑而尊人，雖負販者，必有尊也，而況富貴乎？富貴而知好禮，則不驕不淫；貧賤而知好禮，則志不懾。

富者，驕奢淫逸；貧者，志怯心疑，這是人類的「共性」。當我們讀了《禮記》，便會明白中國人講究「禮尚往來」（經驗）原來是表達「自卑而尊人」（意義）的生活態度。若我們能持守這種生活態度，便可以使富貴者「不驕不淫」，貧賤者「志不懾」。當我們明白「送禮之道」，就會曉得「禮尚往來」是一種源於經驗又超越經驗，包含主客又超越主客，涵蓋天人又超越天人的「整體的生活」體驗，個人「自我實現」的過程。

三、《禮記》是一部怎樣的書？

雖然有研究指出，《禮記》不僅是儒家禮學的文獻叢編，還是一部蘊含整全思想系統的經典。[8]然而，不得不承認四十九篇的《禮記》（當中〈曲禮〉〈檀弓〉〈雜記〉各分為上、下篇，故全書實為四十六篇）內容龐雜非常。為了方便研讀，自東漢的劉向開始，已有不少人嘗試為《禮記》的篇章進行分類。大體而言，《禮記》的內容可

8 陳章錫：〈《禮記》思想系統的探究〉，《興大中文學報》，第二十五期（二〇〇九年六月），頁三一—三二一。

分為以下幾方面：

論述形式	分項說明	篇目
通論	通論禮意	〈禮運〉、〈禮器〉、〈經解〉、〈哀公問〉、〈仲尼燕居〉
	闡述儒家思想	〈孔子閒居〉、〈樂記〉、〈學記〉、〈大學〉、〈中庸〉、〈坊記〉、〈表記〉、〈緇衣〉、〈儒行〉
專論	解釋《儀禮》意義	〈冠義〉、〈昏義〉、〈鄉飲酒義〉、〈射義〉、〈燕義〉、〈聘義〉
	記有關喪禮制義	〈奔喪〉、〈檀弓〉上下、〈曾子問〉、〈喪大記〉、〈喪服小記〉、〈雜記〉上下、〈服問〉、〈間傳〉、〈問喪〉、〈三年問〉、〈喪服四制〉
	記有關祭禮制義	〈祭法〉、〈祭義〉、〈祭統〉
	記投壺之禮	〈投壺〉
散論	記日常生活禮節	〈曲禮〉上下、〈內則〉、〈少儀〉
	記重要禮制	〈王制〉、〈效特牲〉、〈玉藻〉、〈明堂位〉、〈大傳〉、〈深衣〉
	記國家頒授政令	〈月令〉
	記世子教育及人材選拔制度	〈文王世子〉

上表見高明：《禮學新探．禮記概說》（北京：中華書局，二〇一一年），頁九－十；王錦文：《禮記譯解》（上）（北京：中華書局，二〇〇一年），頁四－五。

《禮記》始於〈曲禮〉，終於〈喪服四制〉，按內容性質而言，可分以下幾類：一、通論禮儀的背後意義；二、闡述儒家禮學和修身思想；三、記述和解釋與生命歷程相關的禮儀；四、記述和說明祭禮；五、記述和說明重要禮制；六、其他制度：如國家政令、世子教育等。

如上所言，《禮記》是禮學和相關文獻的彙編，四十六篇文章（〈曲禮〉〈檀弓〉〈雜記〉三卷分為上下篇）的內容互不統屬，文章寫成的時間跨度也很長，如〈哀公問〉〈仲尼燕居〉〈孔子閒居〉是春秋末期到戰國初年的孔門文獻，而〈文王世子〉〈禮運〉〈月令〉〈明堂位〉則是戰國晚期的文獻。所以上述的分類對讀者閱讀文本不無幫助，但若想更準確地掌握《禮記》，便先要洞悉本經要旨；如欲清楚本經要旨，又必先要明白春秋戰國時代「禮」的意義。

四、「禮」是什麼？又不是什麼？

「禮」是什麼呢？或許我們可以在《左傳》找到答案。

公元前五三七年，魯昭公訪問晉國，並依禮數「自郊勞至于贈賄」，可是晉國的大臣女叔齊卻批評昭公：「是儀也，不可謂禮」。其實，按禮言禮，魯昭公的行為並無不妥，但因為當時魯國君權旁落，政事日非，國家的「政治秩序」可謂蕩然無存，「禮」已失去「守其國，行其政令，無失其民」的作用，所以女叔齊才質疑魯昭公：「屑屑焉習儀以亟，言善於禮，不亦遠乎」。[9]

公元前五一七年，晉國的趙簡子訪鄭。當時，趙簡子向子大叔請教「揖讓、周旋之禮」，子大叔答曰：「是儀也，非禮也。」接着，趙簡子問「禮」的意義。子大叔回答說：「夫禮，天之經也，地之義也，民之行也」，又說：「禮上下之紀，天地之經緯也，民之所以生也，是以先王尚之」。不論是女叔齊還是子大叔，兩人對「禮」和「儀」的劃分都反映了春秋時代的「秩序危機」——「禮崩樂壞」，而「禮」正是時人用以處理上述危機的方案。

社會學家認為「禮」是「社會規範」（social norms），有學者認為《禮記》蘊含的「禮」是「內聖外王，修身治人」之道。[10]以上的說法對不對呢？筆者認為無論「修身」也好，「治人」也罷，若無「秩序準則」作憑依，則一切無法定奪。所以《禮記．禮運》云：「故聖人參於天地，并於鬼神，以治政也。處其所存，禮之序也；玩其所

9 《左傳．魯昭公五年》。

10 陳章錫：〈《禮記》思想系統的探究〉，《興大中文學報》，第二十五期（二〇〇九年六月），頁三一一。

樂，民之治也。」文中所言的「禮之序」，就是存在於天地四時，上下四方，人倫世界的「神聖秩序」。「禮」雖具有「社會規範」的作用，但「禮」的意義卻非「社會規範」一語所能涵蓋。

五、「禮」之「神聖秩序」的現代意義

「禮」之所以是「神聖秩序」，因為它是殷商文化所遺留的「宇宙神話」的延續。所謂「宇宙神話」，是指相信人世的秩序是植根於神靈世界和宇宙秩序的一種思想，這種神話相信宇宙秩序和人世秩序的基本制度是神聖不可變的。[11]「禮」所蘊含的「神聖秩序」對現代人而言還有意義嗎？

（一）閱讀《禮記》，重尋「真我」

《禮記．樂記》說：「禮者，天地之序也……序故羣物皆別」，「秩序」是古往今

11　張灝：〈超越意識與幽暗意識——儒家內聖外王思想的再認識與反省〉，《張灝自選集》（上海：上海教育出版社，二〇〇二年），頁二八。

來人類的共同需要，但和現代人不一樣，古人相信一切彼此相關的事物與現象之間，存在某種互相影響，甚至是決定性的因果關係。《禮記》所表述的正是這樣的「世界」。《禮記．禮運》言：

> 夫禮，先王以承天之道，以治人之情。故失之者死，得之者生。

又謂：

> 夫禮，必本於天，殽於地，列於鬼神，達於喪祭、射御、冠昏、朝聘。故聖人以禮示之，故天下國家可得而正也。

在此，「禮」以自然秩序為本體，其落實在具體的人倫秩序之上，表現在各項儀式之中，這就是所謂「承天之道，以治人情」。說「禮」是「承天之道」，說明了它的「神聖義」；而「以治人情」即揭示「神聖的禮」最終還是在「人間」得到落實。如上所言，「禮」是「治人情」的，「人情」為什麼要「治」呢？《禮記．樂記》記載了以下的一段話：

> 人生而靜，天之性也；感於物而動，性之欲也。物至知知，然後好惡形焉。好惡無節於內，知誘於外，不能反躬，天理滅矣。夫物之感人無窮，而人之好惡無節，則是物至而人化物也。人化物也者，滅天理而窮人欲者也。

人能夠認識世界，是因為人有感知外界的能力，但因為「人之好惡無節」，不斷的「接應」外物（窮人欲），便會使本性中的「善」漸漸喪失（滅天理）。最後，「人」便會「物化」（人化物）。「人隨物化」是人性的幽暗面，同時也是現代社會人類面對的危機。

現代化時代是一個世俗化的時代，是一個除魅的時代，是一個價值多元的時代，是一個工具理性代替價值理性的時代。

在前現代的傳統社會，無論是歐洲還是中國，人們的精神生活之上都有一個超越的神聖世界。通過外在超越的方式（如西方的上帝），或是內在超越的形態（如孟子的「盡心知性知天」），人們可以與「神聖世界」聯成一氣。這個神聖世界提供了世俗世界的核心價值、終極關懷和生活意義。然而，進入近現代，神聖世界崩潰，超越的價值系統逐漸消解，人的精神生活開始世俗化。

隨着人的主體性位置的確立，人替代了超越之物而成為自己精神的主宰，理性、情感和意志獲得了獨立的自主性。人們的終極關懷、價值源頭和生活的意義不待外求，而從世俗生活本身自我產生。[12]「個人主義」在現代社會「獨當一面」，駕馭了社會，並操控了人心。翻閱《禮記》，我們或許可以重尋「真我」。何謂「真我」？《禮記．中庸》言：

> 唯天下至誠，為能盡其性；能盡其性，則能盡人之性；能盡人之性，則能盡物之性；能盡物之性，則可以贊天地之化育；可以贊天地之化育，則可以與天地參矣。

從「盡其性」到「盡人之性」，再從「盡人之性」到「盡物之性」，直至「贊天地之化育」，這其實是一個「自我實現」的過程，也是個體尋求「真我」的經歷。當我們能夠參與「天地」養育和成就萬物的工程，就已經與「神聖秩序」相交融，進入了所謂「天人合一」的境界。如此，「自我」已落實在宇宙大化的背景之中。

12　許紀霖：《啟蒙如何起死回生：現代中國知識分子的思想困境》（北京：北京大學出版社，二〇一一年），頁三二九—三三〇。

從時間而言，「自我」已載負了歷史，與現世並居，又承擔了開拓將來的責任；就空間而論，「自我」不是「一己」潛能的發揮，而是關顧他人，留心社會，注重國家，情牽世界的「自我」。

（二）閱讀《禮記》，知人的可貴

誠如杜維明先生所言，要成為一個「本真的人」，固然是對己誠，待人忠，但同時也必然會產生一個「無止的過程」，一個「學做人」的過程。這個過程意味着「審美上的精緻化」（美學）、道德上的完善化（倫理）和信仰上的深化（宗教）[13]，而「禮」就是上述過程啟動的關鍵，《禮記．曲禮上》：

鸚鵡能言，不離飛鳥；猩猩能言，不離禽獸。今人而無禮，雖能言，不亦禽獸之心乎？夫唯禽獸無禮，故父子聚麀。是故聖人作，為禮以教人。使人以有禮，知自別於禽獸。

13　杜維明：〈儒家論做人〉，《儒家思想——以創造轉化為自我認同》（臺北：東大圖書公司，一九九七年），頁五三－五四。

「人」能夠意識到「人禽之別」，是因為有「禮」的存在。當然，「禮」使我們「所以知」，而不可以令我們「所能知」。「人」之所以與「禽獸」有別，是因為人的「特殊」性：

> 故人者，其天地之德，陰陽之交，鬼神之會，五行之秀氣也。（《禮記·禮運》）

所引上文，強調「人」的與眾不同。「人」之異於禽獸，是源於人有「天地之德」「陰陽之交」「鬼神之會」，是集合「五行之秀氣」，所以「人」便擁有「道德自覺」的能力，有不斷完善自我的可能。

基督教告訴我們，人之所以尊貴，因為人是上帝所造的；**《禮記》提醒大家，人之所以尊貴，是由於人源於天地，並紮根於「神聖秩序」之中。而「禮」就是「神聖秩序」在「生活世界」的體現。**

（三）閱讀《禮記》，發現生活的「理」與「情」

所謂「生活世界」，是指我們可以直接經驗到的周遭世界。人，生於斯，長於斯，並藉着對「禮」的實踐，讓「自我」與天地大化合而為一，讓生命的意義得到落實。由此，「禮」並不是一種外在「規範」，而是被先賢「創造」和「轉化」，內化於人心，體現於「生活」的「理」。《禮記．禮器》說：

> 禮也者，合於天時，設於地財，順於鬼神，合於人心，理萬物者也。

「禮」源於「俗」，所以孔子說：「夫禮之初，始諸飲食」（《禮記．禮運》）。「俗」就是生活世界的人類歷史文化、行為習慣的沉澱。《禮記》中「禮」的創造原則，超越了具體繁文縟節之符號形式，它是將符號形式加以抽象化的過程，繼而化約為普遍性之概念。唯其成為普遍性之概念後，才能不局限於一隅，進而表現為人類共同情感之內容。[14]同時，「禮」也是人類共同的「理」。

「禮之理」的首要表現為「稱」。何謂「稱」？《禮記．禮器》云：

> 古之聖人，內之為尊，外之為樂，少之為貴，多之為美。是故先生之制禮

14 林素玟：《〈禮記〉人文美學探究》，頁一六二。

也，不可多也，不可寡也，唯其稱也。

每個人在履行禮制的時候，要按身份和情況而行，過多或不足都是不合適的。為什麼《禮記》行禮的時候要「稱」呢？若從功能論之，人行禮不「稱」其「身份」，那麼「禮」的「分別」意義便會喪失。在春秋之時，所謂「禮崩樂壞」即是如此。當時的貴族不按身份，不理制度，就一己所好，做出種種僭越禮樂制度的行為。當孔子看見季氏演〈八佾〉之舞於庭，即憤然罵道：「是可忍也，孰不可忍也？」原因是季氏之舉不「稱」其「身份」。

此外，在「理」之內還包含了「情」，且先看看《禮記．檀弓下》孔子和子路的一段對話：

子路曰：「傷哉貧也！生無以為養，死無以為禮也。」孔子曰：「啜菽飲水，盡其歡，斯之謂孝。斂首足形，還葬而無槨，稱其財，斯之謂禮。」

自古以來，生養死葬是為人子者的基本「孝道」。在上文裏，子路以貧而歎無法盡生養死葬之義，孔子認為，禮儀背後的情意才是禮的本質。只要父母在生時，以盡其歡；父母亡時，稱財而葬，這就是禮的本意，也就是「禮之美」。

又例如有一次，孔子在衞國遇上送葬的行列，他駐足觀察後便對學生說：「善哉為喪乎！足以為法矣，小子識之。」是時，子貢不明所以說：「夫子何善爾也？」孔子就答道：「其往也如慕，其反也如疑。」很明顯《禮記．檀弓上》所記載的並不是禮制文儀，而是送葬孝子的情態，「往如慕，反如疑」正是喪親者對父母的「真情」流露。

隨着時代不同，「禮」的形式是會轉變的。譬如就喪禮而言，古禮的喪服共有緦麻、小功、大功、齊衰、斬衰五種。對於父母之喪，因為孝子的創傷甚巨，所以要守喪「三年」。按《禮記》說，這是「稱情而立文，因以飾羣，別親疏、貴賤之節」，所以是「不可損益」的（《禮記．三年問》）。當然，時移世易，有很多古禮已不合時宜，但我們閱讀《禮記》時，仍可以從古代禮儀裏，「發現」古人制禮的深意，並將其意通過不同的「形式」行諸當下。例如古人為二十歲的男子在宗廟舉行「冠禮」（即是成人禮），除了表示隆重其事，還有「自卑而尊先祖之意」（《禮記．冠義》）。古人藉着「冠禮」，讓成年的男子明白自己不是空懸的「自我」，而是縱連祖先、宗族，橫及社會、國家的「責任載體」。

又如《禮記．昏義》記載古代婚禮。迎娶新婦入門後，新郎接新娘一起進家用餐：「共牢而食，合巹而酳，所以合體、同尊卑以親之也。」丈夫與妻子吃同一樣的飯菜，用同一隻葫蘆，剖開兩隻瓢來盛酒漱口，以示夫妻合為一體，不分尊卑。新婚之夜過後，新婦一早起來沐浴，預備見翁姑。待禮成之後，新婦會用一隻小豬作主菜，為翁姑燒一頓飯。再過一天的早晨，翁姑會設宴招待新娘，並用非常隆重的方式向新娘敬酒，又特意把主人專用的東階讓給新娘，表示新娘已正式代替婆婆作一家之主婦。新婦與翁姑之間的「禮尚往來」，既可消滅家庭新成員的不安感，又可以表示認同新成員。而新婦與翁姑的禮儀又象徵着互相尊重和信任，體現出人與人交往的善與美。

眾所周知，家庭是中國社會的初始，也是「自我」成長的所依。古代與現代婚禮之別，是前者以「家」為核心，講的是新人對家庭（甚或是家族）的責任；後者以個人為重點，注重個體與個體的權責。所以《禮記．昏義》明言：

> 成婦禮，明婦順，又申之以著代，所以重責婦順焉也。……是故婦順備而後內和理，內和理而後家可長久也，故聖王重之。

由此可見，對古代女性而言，婚禮中的「婦禮」意義十分重大。因為經過「婦禮」

之後，新婚的女子不僅成為了妻子，成為了「一家之主」，更肩負起和睦家庭內部關係的重責。或許讀到《禮記．昏義》，我們會重新反思時代流行的婚姻觀。

當然，所謂「經禮三百，曲禮三千」，對古人來說，《禮記》可以說是一本包羅萬有的「生活詞典」。《禮記．喪服四制》說：「凡禮之大體，體天地，法四時，則陰陽，順人情，故謂之禮。」**就「天地」「四時」「陰陽」而言，可說是「禮」背後的「神聖秩序」的場景，而我們在行禮之時，要體味的是人間的「理」與「情」。**

六、結語

晚清之際，為改革捨身的譚嗣同（一八六五——一八九八）在赴義前兩年，完成了《仁學》。在這本小書裏，我們可以窺見烈士對「禮」的批判。譚氏在《仁學》中強調：儒家思想中，不論是三達德或五常，或是其他重要的道德觀念（例如誠），它們都為仁所涵涉包容。唯一的例外是「禮」。依他看來，「禮」雖然也源於仁，但「禮」常常變成與仁大相徑庭的倫常觀念。簡言之，「禮」會戕害「自我」。

究竟「禮」是「成就自我」的媒介，還是「壓抑自我」的幫兇？今天，**翻開《禮記》，我們應當關注的不是「禮」的「形式」，反之，我們要體味的是「禮」蘊涵的「情**

理兼備」的精神。若然大家能抓緊上述的「禮」的「核心價值」，那樣便會發現《禮記》的無窮生命力。由是之故，本書〔指中華書局（香港）有限公司出版的「新視野中華經典文庫」之《禮記・孝經》〕所選的《禮記》諸篇，雖以北京中華書局出版的《中華經典藏書・禮記・孝經》為底本，但其中也有斟酌損益之處。如選譯〈曲禮〉的部分章節，將上、下篇合併為一，又加入〈檀弓〉篇的章節。又例如以〈仲尼燕居〉篇取代原來的〈緇衣〉篇。而選擇取捨的標準，皆以「生活」為依歸。因為筆者深信「禮」源於生活，生活蘊含人情。

《孝經》導讀

在「孝」以外
《孝經》的現代詮釋

香港公開大學人文社會科學院兼任導師
劉志輝

一、《孝經》——一本消解「個人主義」遺毒的書

一九一八年，秋，廣東順德的簡朝亮（一八五二—一九三三，康有為的同門師兄）花了約一年的時間，完成了他的《孝經集注述疏》。比起他的前作《尚書集注述疏》和《論語集注述疏》，前者耗費了十一年才完稿，後者也花上十年才殺青，注述《孝經》只不過是小事一樁。但是這一位晚清宿儒卻煞有介事地說：「《孝經》者，導善而救亂之書也。」[1]是的，一九一八年，國外歐戰正酣，國內軍閥傾軋，當然是亂世。然而，身處亂世的簡老，斷言《孝經》能夠「導善救亂」，又會否有點誇大？

班固在《漢書．藝文志》說：「夫孝，天之經，地之義，民之行也。舉大者言，故曰《孝經》。」提到《孝經》，我們可能會聯想到儒家的「六經」。然而，《孝經》的「經」與《詩》《書》《禮》《易》稱「經」的意思並不完全相同。儒家的「經」是漢人把儒家著作奉為經典後加上去的，《孝經》的「經」是道理、原則、方法的意思。皇侃（四八八—五四五）在《孝經義疏》裏曾說：「經者，常也，法也。……言孝之為教，使可常而法之，……故曰《孝經》。」按皇侃的說法，**《孝經》就是「關於孝**

1　簡朝亮：〈《孝經集注述疏》序〉，《孝經集注述疏》（上海：華東師範大學，二〇一一年），頁三。

的道理」「行孝的方法」的意思。[2] 原來《孝經》之名早已蘊含「導善之法」。

《孝經》這部「導善救亂」之書的作者是誰呢？關於作者的問題，大概有十一種說法，其中包括：孔子所作說、曾子所錄說、子思所作說、孔門七十子之徒遺書說、齊魯儒者附會說、孟子門人所著說、漢儒所作說、析中說（歷數代逐漸成書）、曾子弟子編錄說、曾子弟子樂正子春、樂正子春的弟子，或再傳弟子整理說等。雖然，《孝經》作者誰屬至今仍未有定論，但此書形成於戰國期間卻是可以肯定的。[3]

經藏書之禁，歷秦火之劫，《孝經》就如其他典籍一樣，一度隱沒於民間。至漢惠帝四年（前一九一）挾書令解禁，民間的儒家學者漸漸恢復儒家典籍的授受。據說《孝經》本由河間（今河北獻縣東南）人顏芝所收藏，後由其子顏貞傳出，共十八章。

2 胡平生：《孝經譯注》（北京：中華書局，一九九六年），頁一〇—一一。

3 胡平生認為《孝經》是由孔子講授，曾子弟子樂正子春或其再傳弟子所整理的。見胡平生：《孝經譯注》，頁一至八。汪受寬則推斷《孝經》是孔子嫡孫子思（前四三八—前四〇二）所撰寫的，見汪受寬《孝經譯注》（上海：上海古籍出版社，二〇〇七年），頁四—八。張踐則認為《孝經》是曾子門人的作品，見〈《孝經》的形成及其歷史意義〉，姜廣輝主編：《中國經學思想史（第一卷）》（北京：中國社會科學出版社，二〇〇三年），頁一一五—一二一。但據近年研究顯示，上述各說仍未成定論。至於《孝經》的相關研究概況，可參考肖永明、羅山：〈近年來《孝經》研究綜述〉，《雲夢學刊》，第三十卷，第五期（二〇〇九年五月），頁二五—二六。

其後，河間獻王劉德獻此書於朝廷，這便是後世所說的《今文孝經》。文帝時，《孝經》與別的儒家經典立於學官。據《漢書．藝文志》和《說文解字．敘》記載，漢景帝的兒子，魯恭王劉餘（？—前一二八）擴建孔子舊宅時，發現一批古文簡牘，其中包括由籀文寫成的《孝經》，此即是《古文孝經》。對比之下，《古文孝經》將今文兩個章節內分為五個章節，另外還多出了〈閨門〉一章，共二十二章。關於《古文孝經》問題，還有另外一種說法，據說此書是漢昭帝時候，魯國三老所獻的。而根據相傳是孔安國作的〈古文孝經序〉載，魯三老所獻的就是孔子舊居的二十二篇《古文孝經》。[4] 到西漢成帝時，劉向（前七七—前六）主持皇家藏書整理工作，以《今文孝經》為主本，用《古文孝經》對其進行刪訂，定為十八章，並通行於世。《古文孝經》以孔安國傳為尊，而《今文孝經》則以鄭氏注為重。[5]

在魏晉南北朝時期，今古文《孝經》曾並行於世，但至公元五五四年，西魏軍隊圍攻江陵，梁元帝下令焚毀所有圖書，《古文孝經》又絕跡於塵世。隋開皇十四年（五九四），《古文孝經》重出於市井，輾轉流入宮廷，隋文帝下詔把今古文《孝

4 有人懷疑〈古文孝經序〉是東漢人託名之作。

5 所謂鄭氏注，是鄭玄的孫子鄭小同及其後人所作的《孝經》注。

經》著於官籍，並頒行天下，然而當時學者均對重出的《古文孝經》存疑。自今、古文《孝經》並立於世以來，一直紛爭不絕。開元七年（七一九），唐玄宗（六八五—七六二）詔令羣儒討論《孝經》今古文的優劣。當時左庶子劉知幾（六六一—七二一）力主用《古文孝經》孔傳本，國子祭酒司馬貞則力主今文。結果，玄宗最後裁定：「鄭仍舊行用，孔注傳習者稀，亦存繼絕之典。」[6]並聽從司馬貞等人所議，去〈閨門章〉，以十八章《今文孝經》為定本。開元十年（七二二）和天寶二年（七四三），玄宗兩次親自對《今文孝經》進行注釋。天寶四年（七四五）御注的《孝經》刻成石經，立於京師國學，人稱《石台孝經》。自此，《今文孝經》憑聖寵顯貴；反之，《古文孝經》漸不為世人所重。如北宋咸平年間，邢昺（九三二—一〇一〇）奉詔校定的《孝經注疏》三卷便是以唐玄宗所定的《孝經》正文及注為基礎，再據元行沖的《疏》編撰而成。後來，直至清代，帝王對《孝經》之重視有增無減，如順治、康熙、雍正三朝屢出《孝經》之御注、欽定、御纂版本。總之，自秦火以後，《孝經》與政治已結下了千世不解的情緣。

6 《鄭氏孝經注》。

《孝經》主題內容表解

篇章	內容重點
第一章	全書的總綱，說明孝道的宗旨和意義，並從個人、社會和政治的角度闡明孝的重要性。
第二至六章	分別論述「五孝」，說明天子、諸侯、卿大夫、士、庶民各自適當的孝行。
第七章	從宇宙論的向度，說明孝如何連接天道、地道和人道。
第八、十一、十二、十三、十六、十七章	描述為政者應該如何行孝，使社會獲得真正和諧。
第九、十、十四、十五、十八章	從個人的維度詳述孝。

上表見羅思文、安樂哲著，何金俐譯：《生民之本：〈孝經〉的哲學詮釋及英譯》（北京：北京大學出版社，二〇一〇年），頁九－十。

簡而言之，二十世紀以前，不論是皇族、官員，還是尋常百姓家，都一直奉《孝經》為圭臬。**作為一部經典，《孝經》不僅官、私注疏不絕，而本經所述更被編繪成圖錄傳世。作為載負儒家思想的文本，《孝經》展示了儒家思想傳統中對天地之道的敬畏之情，經中提倡的「孝」文化，成為了貫通中華民族文化的經緯。**例如呂妙芬就發現，除了政治、社會和教育向度，在晚明時期，很多士人不僅通過誦讀《孝經》來消災、驅魅、祈雨、求壽，而且詮釋《孝經》的時候，也流露出濃厚的「宗教性」。譬如明萬曆年間的虞淳熙（一五五三—一六二一）就把「孝」視之為宇宙萬物和自然人文的秩序源頭，也是維繫世界和諧的應然規範[7]。但世事如棋，進入近現代，《孝經》的命運又起了前所未有的變化。

踏入二十世紀，曾經受萬千寵愛的《孝經》，被打入冷宮了。雖不至於無人問津，但卻可說是門可羅雀。今日，我們提起《孝經》，除了肯定它的道德作用，總會把這本千年經典，與君主制、家長制、社會層級制，以及專制、愚民、封建等概念掛鉤。如《孝經》講的「五孝」——〈天子〉〈諸侯〉〈卿大夫〉〈士〉〈庶人〉諸章，儼然就是一幅古代中國的「封建制度圖」。若撇下天子不論，本經要求諸侯必須「在上不驕」，「制節謹度」，「滿而不溢」；卿大夫則「非法不言，非道不行」；作為士的須「忠順不失，以事其上」；至於庶人也要「謹身節用，以養父母」。所以有不少學者認為，《孝經》乃是一本講「忠順」，並為專制皇權服務的教科書。

7 呂妙芬：《孝治天下：〈孝經〉與近世中國的政治與文化》（臺北：中央研究院，二〇一一年），頁一三七。

誠然，我們不能否認，長久以來，《孝經》肩負着沉重的「政治責任」，但在二十一世紀的今天，脫離了政治羈絆的經典，《孝經》又會是一本怎樣的書？當我們翻開《孝經》，或許就會如竹居先生所說的一樣[8]，發現它不是象牙塔的專屬品，而是一本「導善而救亂之書」。

二、「I」世代的「我」：極端「個人主義」的危機

同為一九一八年，浙江紹興的魯迅（周樹人，一八八一——一九三六）在《新青年》上發表了第一篇白話文短篇小說〈狂人日記〉[9]。〈狂人日記〉利用諷刺手法，控訴了傳統中國的「吃人的禮教」：

我翻開歷史一查，這歷史沒有年代，歪歪斜斜的每頁上都寫着「仁義道德」

8 竹居先生即簡朝亮，字季紀，號竹居。

9 魯迅在一九一八年五月號的《新青年》雜誌上寫了幾首詩，並寫了一篇小說〈狂人日記〉。見夏志清著，劉紹銘譯：《中國現代小說史》（香港：香港中文大學出版社，二〇〇一年），頁二九。

幾個字。我橫豎睡不着，仔細看了半夜，才從字縫裏看出字來，滿本都寫着兩個字是「吃人」！

有論者認為，中國的「吃人禮教」，並不是最可怕的，最悲哀的反是狂人最後的祈許：

沒有吃過人的孩子，或者還有？救救孩子……[10]

也許「救救孩子」不是祈願，是絕望的吶喊。因為中國的孩子都懷着「吃人」的意向。中國的孩子都是在「吃人」的社會中被養大的，也都內化了這個社會的習俗與準則。[11]不管是祈願也好，是吶喊也好，毫無疑問，〈狂人日記〉和魯迅的一系列作品，在二十世紀初，都成為了中國人「反傳統主義」的標記。誠然，當時中國人「反

10 魯迅：〈狂人日記〉，《魯迅全集》（北京：人民文學出版社，一九八一年）。

11 林毓生：〈魯迅思想的特質及其政治觀的困境〉，《中國傳統的創造性轉化》（北京：三聯書店，二〇一一年），頁四九二。

傳統」並不是目的，只是手段，是一種爭取「自我」解放的手段。

有人認為，二十世紀，中國人最寶貴的就是發現了「自我」。若用盧梭（Jean-Jacques Rousseau，一七一二—一七七八）的話說：「每個人都是高貴的存在，他的高貴到了使得他人不可成為別人工具的程度。」[12] 進入近現代中國，似乎大家開始明白人的尊嚴的重要性。明白尊重一個人，就要肯定他的自主性、他的自主權、他的自我發展權利。簡言之，個人的存在，本身就是目的，而不是工具。[13]

相對於我們的祖父輩，今天的「我」更理性，更自由，更懂得自得其樂地滿足一己的需求。我們不需要規矩，不需要權威，不需要傳統。我們可以把這個年代稱之為「I」世代。所謂「I」就是「我」，「I」世代即是一個「以我為尊」的世代。今天，為了追求「真正的自由」，我們逃離了傳統的約束，權威的轄制。簡而言之，「I」世代的「我」，就是一個「原子式」的「我」。從縱向而言，「我」和「過去」與「未來」沒有關係；從橫向而言，「我」與「他人」「社會」和「國家」也可以沒有關係。「我」

12 Steven Lukes (1973). *Individualism*, Oxford: Basil Blackwell, 49.

13 Immanuel Kant, *The Moral Law: Kant's Groundwork of the Metaphysic of Morals*, translation by H. J. Paton （1958）, 3rd edn, London: Hutchinson & Co., 90-91.

是「獨立」「自主」「自存」的個體，是沒有歷史包袱，沒有被先設道德規範制約的「自由人」。就如 Michael J.Sandel（一九五三— ）所言：

> 我的責任只限定於我所做所為，這是個解放觀念。其假設是人身為道德行動者，是自由且獨立的自我，不羈於任何先設的道德拘束，有能力為自我選擇目的。不羈於習俗、傳統、原生地位，唯有個體自由選擇，才是我應盡道德義務的來源。[14]

如今，「我」是一切的標準，我的所是為是，我的所非為非。更重要的是，由於「我」與「宇宙」（上下四方曰「宇」，古往今來曰「宙」）割裂，所以我們對一切——除了自己所作的也無須負責。相比於我們的祖父輩，「I」世代的「我」似乎更能體會到「自由」的真諦。

但正當我們沾沾自喜的時候，可能驀地發現，周遭的世界充斥着無聊、煩惱、

14 Michael J.Sandel著，樂為良譯：《正義：一場思辨之旅》（臺北：雅言文化出版有限公司，二〇一一年），頁二三八。

不安，人與人之間失去了信任，政黨、政客、政治綱領都變得不可信賴。個人面對國家、政府、社會都進入一種「迷失」的狀態。美國哲學家杜威（John Dewey，一八五九—一九五二）告訴我們，現代人的自我「迷失」是無可避免的。這是因為在現代社會的境遇中，個體是分散的，社會不再是一個互相依存的整體，故不能在其中得到安慰和滿足。[15]

當「我」自以為獲得「自由」時，「自由」卻令「我」迷失了！

三、藉《孝經》重尋真正的「自我」

同樣是一九一八年的作品，有趣的是，若把〈狂人日記〉與《孝經集注述疏》放在一起，我們會發現它們的「矛盾」和「對立」：前者代表着「現代」「進步」與「解放」，後者盛載的是「傳統」「落後」和「壓抑」。由此說來，今時今日，莫非《孝經》真的是一文不值嗎？

15 詹姆斯・坎貝爾著，楊柳新譯：《理解杜威：自然與協作的智慧》（北京：北京大學出版社，二〇一〇年），頁一五三。

不是！絕對不是。兩位美國人，羅思文（Rosemont）和安樂哲（Ames R.T.）在翻譯《孝經》的時候，就向我們揭示《孝經》的價值所在：

> 該書（指《孝經》）提倡維護歷史敬畏傳統，不僅只是保守權力主義知識分子的悲歎，而是包含這樣敏銳的洞識：即我們之所是所成總是與過去相連。確實，抹殺過去也就意味着我們迷失了自己所是，這樣，一個直接後果就是丟失了我們未來（在一個更和平世界中）之所是和所要成就的方向。[16]

原來，只要我們細讀這一本古老的教科書，便可以從「過去」中認定「自我」的價值所在，明白「自己」所成所是的來由，並藉此能夠面對「未來」和「世界」。大家可能懷疑薄薄的一本《孝經》真的有如此能耐嗎？中國傳統的「孝」與「I」世代的「自我」又有什麼關係？

在中國，「孝」的觀念由來已久。中國的第一部詞典《爾雅》說：「善事父母曰

16 羅思文、安樂哲著，何金俐譯：《生民之本：〈孝經〉的哲學詮釋及英譯》（北京：北京大學出版社，二〇一〇年），頁二一三。

孝。」「孝」的基本含義，就是善於侍奉父母的意思。究竟怎樣才算得上是「善事父母」？《孝經》作了很好的補充：「生事愛敬，死事哀戚，生民之本盡矣，死生之義備矣，孝子之事親終矣。」[17]父母在生的時候，為人子女的要愛且敬，父母過世了，為人子女則事之以哀慟，這就是「死生之義」。什麼是「義」？有人說：「『義』就是正確，就是正當的行為。」其實，中國儒家認為個人的行為是「義」或「不義」，不能單從個人出發，而是要把個人的行為放在諸種關係中去衡量，也要顧念他人的感受。子女行孝不僅是履行一種責任，而是個人「道德自覺」的培養。孔子就說：「孝弟（悌）也者，其為仁之本與！」（《論語．學而》）中國人把「仁」（最高的道德總體）的根紮在家庭生活和家庭成員的關係上。由此可見，中國人講「孝」，是以個人與個人的關係開始，是從人類最原始、最樸素的感情開始，繼之而通過履行「孝道」，在日常生活中培養個人的道德意識，並成就恰如其分的「自我」。《孝經》的〈紀孝行章第十〉說：

> 事親者，居上不驕，為下不亂，在醜不爭。居上而驕則亡，為下而亂則

17 《孝經．喪親章第十八》。

刑，在醜而爭則兵。三者不除，雖日用三牲之養，猶為不孝也。

「事親」不是子女和父母的事，而是個人在家庭、社會、國家的關係網絡中，對自己的所行所是保持高度警惕。

儒家關注自我確認，追求自我人格，重視自我實現。這一切都是從羣體中去把握，在溫情脈脈的相互規定中去把握。有人認為，「自我」處於內外親疏、上下尊卑、高低貴賤、男女長幼、愛尊厚薄等關係網中，這會喪失了權利平衡和個體自主。但我們要注意的是「自我」其實並未因此而喪失；相反，「自我」正正融入了日常人倫之中，讓人感到安全。儒家把外在的規範約束，解說成人心的內在要求，用心理情感原則，把「自我」引導到人際關係之中。孔子也說：「弟子入則孝，出則弟，謹而信，泛愛眾，而親仁。」（《論語．學而》）人與人之間的關係規定，已成為「自我」認可並自覺遵循的原則。[18]

此外，《孝經》向我們展示的「自我」，不僅是注重現世關係的「自我」。如在《孝經．開宗明義章第一》中，當說明什麼是「孝」之後，孔子還引用了《詩經》的〈大

18 劉志輝、趙善軒、李小杰：《古今大不同》（香港：匯智出版社，二〇一二年）。

雅〉：「無念爾祖，聿修厥德」作結。我行孝與「過去」的祖先有什麼關係？祖先修德又與「現在」的我何干？當我們細讀《孝經》，就會明白「自我」有了時間的維度，有了傳統，有了淵源。

有人說，《孝經》中講「愛」，這是不錯的，但本經更重視的是「敬」。所謂「敬」，就是個人對祖先的「敬畏」。**故《孝經》言「生事愛敬，死事哀戚」，我們愛父母當然重要，但對父母、祖父母和家族先祖懷着敬畏之情，也是十分重要的。這種敬畏包含的是個人對「過去」的尊重，是對天地的尊重。**李澤厚（一九三〇—）認為：「孝」本是氏族羣體為維護、鞏固、發展其生存延續而要求個體履行的一種社會道德義務。但經由巫術禮儀到禮制化和心靈化之後，「孝」就成為了超越此世間人際的神聖的絕對命令。「不孝」不僅違反人際規則，而且觸犯天條，當遭天譴。「孝」可以說是中國人的「宗教性道德」。[19] 所以《孝經》〈三才章第七〉說：

19 所謂「宗教性道德」與Kant所講的「絕對命令」相類似。此類道德律則，如宋明理學家常言的「天理」「良心」等既具有普遍性和絕對性。又如中國的「三綱五常」，便經常被稱之為「神意」「天道」「真理」或「歷史必然性」，即以絕對形式出現，要求「放之四海而皆準，歷時古今而不變」，這就是「宗教性道德」。見李澤厚：《歷史本體論》（北京：三聯書店，二〇〇二年），頁四四－四八。

> 夫孝，天之經也，地之義也，民之行也。

若從政治的維度看，《孝經》講明主治國，也是講「尊重」：

> 夫然，故生則親安之，祭則鬼享之，是以天下和平，災害不生，禍亂不作。故明王之以孝治天下也如此。（《孝經・孝治章第八》）

今天，政府在訂定政策的時候，往往是從「效益主義」（Utilitarianism）的原則出發，即是「計算」政策本身能帶來多少「利益總和」。但《孝經》所講的「孝治」精神卻注重對「人」的尊重，這正是中國先秦儒家「民本說」精神的體現。

簡言之，若「自我」是船，《孝經》就是錨。船有了錨，就可以定下來，不再隨波逐流，四處飄蕩。如果我們認同「I」世代的「自我」陷於迷失之中，那麼《孝經》正是一本「導善」和「救亂」之書。還記起簡朝亮在〈孝經集注述疏序〉篇末云：

> 自念童時，家君以《孝經》命之讀，佈席於地，執書策而坐，在膝下讀焉。今無幾何，身年六十有八，雖目光尚如童時，而親亡矣，書策徒存，安得知膝

下讀《孝經》時也？

當我們道盡萬語千言，解讀這一部小小的經典之時，簡老提醒大家要讀懂《孝經》，最好還是不要離開它的原點——「親情」。

《孔子家語》導讀

聖人立體生命的彰顯

香港中知書院客座教授，
人文學會客座教授，
香港專業教育學院客座講師
潘樹仁

提起孔子，很多人會立刻想到《論語》，而對《孔子家語》，卻知之者甚少。造成這種狀況，可能有兩大原因：一是，《論語》篇幅短小，語言精練，內容豐富，集中體現了孔子的思想；而《孔子家語》則相對內容駁雜，篇幅龐大，字數遠遠超過《論語》。二是，《論語》作為儒家的經典著作，是由孔子的弟子及再傳弟子編纂而成，歷來對此意見比較統一，雖然也有人對其版本有不同的意見，但無大的分歧；而《孔子家語》的真偽則遭遇較大質疑，甚至一度被認定是偽書，影響了它的流傳。無可否認，**學習研究孔子的基本思想，當以《論語》為最可信賴的材料。但若要全面了解孔子的人生事跡及其學說，感悟一位聖人的立體生命形態，則不可不讀《孔子家語》。**

一、書名、作者與成書

《孔子家語》，又名《孔氏家語》或者《家語》，是記述孔子生平和思想的著作，採用對話體的形式，記錄了孔子與弟子及其他人的對話問答和言談行事，比《論語》的記載更為詳盡具體。關於該書的作者和版本問題，歷來爭論較多，莫衷一是。

《漢書．藝文志》最早著錄《孔子家語》曰，凡二十七卷，孔子門人所作，其書早佚。而唐代顏師古注《漢書》時，曾指出二十七卷本「非今所有家語」。他所謂今本，即流傳下來的十卷本，題為三國時魏王肅所注。宋代王柏首先提出《家語》實為王肅所撰寫，是一部偽作。至清代訓詁派，如姚際恒《古今偽書考》、范家相《家語證偽》等都認為《家語》是偽書。近代學界疑古之風盛行，《家語》乃王肅偽書的觀點幾成定論。雖也有學者指出其並非偽書，但也多認為經過了王肅加工，有相當部分內容為其所增。

不過，現代考古學的發展為古書真偽之辯提供了很好的佐證。一九七三年河北省定縣八角廊出土西漢墓竹簡《儒家者言》，內容同今本《孔子家語》近似。一九七七年安徽省阜陽雙古堆西漢墓也出土了木牘，篇題與《儒家者言》相應，內容同樣與《孔子家語》相關連。另外隨着上海博物館藏戰國楚竹書的問世、英藏敦煌寫本《孔子家語》的公佈，人們對於《孔子家語》偽書說逐漸有了新的認識。這一系列新的發現說明，今本《孔子家語》是有來歷的，它很可能早在西漢即已有原型存在和流傳，並非偽書，更不能斷然說成是王肅所撰。大致可以這樣梳理、歸納，**《孔子家語》是孔子後學所撰，曾被荀子帶至秦國。孔子十一世孫孔安國，收集秦朝焚書後的各種版本，在西漢武帝元封時重新編輯成書。後又經歷了一個很長的編纂、改動、增補過程，到三國時王肅從孔子後人孔猛那裏得到此書，為之寫序，並作了注解，成為現在**

流行的十卷四十四篇版本。

二、史料價值及研究情況

《孔子家語》在很長的歷史階段被疑為偽書，其史料價值未受到足夠的重視。雖則如此，它仍流傳不廢。《四庫全書總目》中說：「其書流傳已久，且遺聞軼事，往往多見於其中。故自唐以來，知其偽而不能廢也。」可見，即便認為是偽書，古人也並沒有完全否定其價值。在偽書說佔主流的局面被打破以後，其學術思想價值更為人們重視和肯定。

今人通過對該書的系統研究，多認為其具有如下幾個方面的重要價值。首先，《家語》對孔子的記載比其他資料更為完整。《論語》雖然是研究孔子思想的第一手資料，但它篇幅短小，內容簡略，不能表達孔子等人思想言行的全貌。**而《家語》無論是在篇幅還是在內容上，都多出許多，它記載全面，又有孔子言行的具體情節，顯然更能展現孔子的人品和思想。此書蒐集孔子的詳盡生平事跡，以及當時事件的背景資料約二百六十多篇，更值得讀者研習。**例如孔子在魯國做官，曾取得很好的政績，使得社會環境和人民生活都有改善，很多人都不了解這件事，本書第一篇對此就有詳細的記載。所以有研究者認為，《家語》從某種意義上講，其價值甚至超過《論語》。[1]

其次，它保存了最原始和可靠的材料，具有重要的文獻價值。通過將《家語》與傳統文獻比較，可以看出《家語》的資料較為原始。例如，《家語》中的〈哀公問政〉又見於《禮記．中庸》，將二者對勘，可發現《禮記．中庸》語言更為簡練，應進行過修改、潤色，這種改動明顯帶有西漢的歷史印痕。如本篇中「舉廢邦」一句，在《禮記．中庸》中為「舉廢國」，顯然是避漢高祖劉邦的名諱。由此可斷定，《家語．哀公問政》成書年代早於《禮記．中庸》。[2] 由於該書保存了不少古書中的有關記載，這對考證上古遺文、校勘先秦兩漢典籍，有重要價值。

1 楊朝明著：《儒家文獻與早期儒學研究》（濟南：齊魯書社，二〇〇二年）。

2 王承略：〈論《孔子家語》的真偽及其文獻價值〉，《煙臺師範學院學報》，二〇〇一年第三期。

三、主要思想內容

（一）禮、樂、教、學

孔子生活在春秋末期，那是一個「禮崩樂壞」的時代，所以他致力於恢復周公制禮作樂的精神內涵，要讓社會和諧，重回大同的理想。他一生堅持這種理想，從未放棄。我們通過分析本書的用字，可以約略看出孔子思想特點和理論方向。以書中十三個單字的使用數量為例：

「禮」三百三十二個，「道」二百二十個，「德」一百四十一個，「義」一百二十二個，「仁」一百一十八個，「樂」一百零七個，「教」九十三個，「學」七十八個，「智」五十六個，「忠」五十五個，「孝」五十三個，「勇」二十六個，「恕」十三個。

可以看出，「禮」字的用量為首，「樂」在中間第六位。禮可以作為道德哲學的命題，加以詳細探討，樂側重於心理情緒。但**禮樂教育作為基本的教育內容，除了教的工作外，也必須包括身體、行為的經驗學習，更包含德育及哲學，可分為身教、家**

教、境教三大範疇。教的對立面是學。根據生命成長規律，教育階段可分為小學、中學和大學的學校教育，然後是成人教育的終身學習。每個人出生之時都是一張空白的紙，必須接受教育，自己學習，再加以思索融匯，才有知識和理性思辨的進步，所以每一個人都離不開教與學的過程。

古「禮」字即「豊」字，現在的「禮」字則是由「示」「豊」兩部分組成。「示」為表示，是原始祭祀的開始；上部分的「二」字，即古「上」字或天的意思；下部分「小」字三撇，即代表「日、月、星」三光下照，意味着上天的恩德照臨大地，令人類有光明而賴以生存，故此人類祭祀以感恩。「豊」字下部分是「豆」字，為高腳器皿，用以盛載祭祀物品，古代以腳愈高，禮制規格愈高；上部分有如稻穗，或者是玉石或貝殼的串連，是部落社會最珍貴的禮物。

社會需要法律去管束人們的行為，但不能所有細節事情都寫成條文，一切標準訴諸法律，則變成爭訟字眼和法律的灰色地帶。人們普遍接受的行為，就成為禮節，用來互相規範約束。但這只是禮表面的作用，禮的意義，更在於相互平等尊重，約束自己，也愛護別人，每個人有內化的克制能力，「克己復禮」才是其最高內涵。人與禽獸的分別，正是能夠用禮尊重他人，自然恰當地展現自我的風采，舉手投足的禮儀，回歸內心的觀照，能體驗人類心性融貫於天地之間。

《孔子家語》提到「知禮」與「好禮」兩個觀念，書中分別有八處和六處加以論述。知禮是知識學習的過程，包括了解社會人羣操作禮儀的方法，訂立禮制的背景和原因，自己加以思辨和判斷，不是盲目地依從，要在禮儀之中感悟禮的意義，思考禮的精神內涵，逐步向內心發展德性的修養。〈顏回第十八〉篇提到：「子曰：『既能成人，而又加之以仁義禮樂，成人之行也，若乃窮神知禮，德之盛也。』」用盡全副精力來學習研究禮，必然能令德性修養加強。好禮是德行的表現，要完善禮的行為，一舉手一投足，不能有失禮的地方。好好學習每一種禮節，然後將禮節推行和教導學生，化解人與人之間的矛盾行為，減少摩擦和爭吵，維護社會和諧，都是好禮的重要性。〈曲禮子貢問第四十二〉篇：「孔子曰：『富而不好禮，殃也。』」一個人有了錢財，而不能以禮義待人，不單被人罵為財閥，更有可能被人綁架，招致殺身之禍。

音樂使人快樂，人類心中的快樂，有如一座音樂廳在演奏音樂，迴旋縈繞，抑揚頓挫，手舞足蹈，輕鬆愉悅，令人回味無窮。孔子愛古琴，聽韶樂，深知音樂陶冶性情的作用巨大。禮樂的教育就是動靜的配搭，非常恰當，有靜態的和諧禮序，有動態的舒暢樂韻，陰性的心境謙虛自信，互相尊重，陽性的體態抒情愉悅，共樂平等。用身體藝術作為語言，結合禮樂，表達心中的道德情操，是一種行為藝術，是德育的揮灑自如，確實是中華文化蘊涵深厚而獨特的生命禮樂教育。

至於學，古字「𦥯」與教「𢽲」非常相似，學由「手」「爻」「冖」「子」組成，教由「爻」「子」「手」組成，共通之處是「爻」「手」。「手」是老師的手或學生的手，或者是老師執學生的手，「爻」是卦爻，代表《易經》的數學，因為一劃開天的數學符號和理論，從《易經》開始，而學習數學，就是開始理性思維，小孩子數一二三開始，知道有秩序有理性，有邏輯可以運算，令數學成為科學之母，終極是宇宙大道呈顯出自然的方程式，最後是覺悟真理的所在。終身學習的重要性，是保持開放客觀的態度，謙虛的精神，生命自我的善德修養。**學以致用的第一步，就是自身的心性修煉，渴求真理，追求藝術的圓潤，令生命花朵自然綻放，以至探索融和天地一體的大道，才是絢麗人生的樂趣所在，也是天人合一的無限境界。**

（二）政教合一

「大同」與「小康」都是孔子的理想天下，社會和諧，人民生活安寧幸福，是政治的基本目標。孔子在政治的實踐上，已經在小範圍內實現了這種理想，〈相魯第一〉篇裏，孔子為政，先制定禮節，然後改善社會的風氣：「制為養生送死之節，長幼異食，強弱異任，男女別塗，路無拾遺，器不雕偽」。在孔子眼中，政治不是爭名奪利的場所，而是充分使用權力，為民眾謀取利益，所以政治的核心便是「為政以德」。

孔子形容君主和人民的關係是水和舟，〈六本第十五〉：「舟非水不行，水入舟則沒；君非民不治，民犯上則傾。」水能載舟又能覆舟，君主需要運用他的權力和魅力，説服人民接受政令，遊説下屬配合去執行。一位仁德君主，散發着領袖的善良正氣，使所有人都能感受到他的威嚴，而君主在替人民祭祀祈福時，人民又能感覺到他是一位關愛自己的領導。孔子先行制定禮儀，讓人與人之間互相恭敬，然後取得互信，下屬可以坦然忠誠，上司可以寬厚對待，各人遵守工作本分，不貪心不奢華浪費，便沒有盜賊和罪案。可以看出，孔子的政治理論並不深奧，而且與個人修養相結合。因而，政治就是教育，教人民各自修養，不論禮樂詩書，還是仁義道德，結果都是要修養成為有仁德的君子。君子必須「自強不息」，「窮則獨善其身，達則兼善天下」，等到時機來臨，便可以一展所長，利民濟世。

（三）道、德、仁、義

有些道家人士認為孔子只講仁義，而脱離了傳統的大道思想，其實並非如此。在《孔子家語》一書中，所用「道」「德」二字共三百六十一個，比「仁」「義」二字二百四十個要多二分之一。孔子從來沒有離「道」而談「仁」，這在本書（指中華書局（香港）有限公司出版的「新視野中華經典文庫」之《孔子家語》）正文的導讀與賞析中會一一細說。

「」是古代「仁」字，有三種解釋，一是「忎」，二是上「身」下「心」，三是上「人」下「心」。從個人的心，到千人的心，或者心身一體，都包含有內在的心性學問。本書的對答之中，問及「仁」者有十九處，孔子的答覆有兩大類。〈王言解〉說「仁者莫大乎愛人」；〈哀公問政〉說「仁者，人也」。心性的學問，是生命的真實經歷，由自身出發，感通他人，因為人類平等人人相同，所以愛他人即是愛自己，人同此心，心同此理，此理是天理良心，這是儒家思想的重要個人內涵修養，有了這個基礎，才可以談論羣體的人倫關係，兩者不能偏廢，否則家庭與邦國的理想便不能建設。春秋戰國時期，對身心或心性的辯證，已經有很多的討論，如在《性自命出》這本書中，便有性由心生的說法，並非到宋明時代，才衍生出心性的學問。心是通往天地大道的途徑，可知孔子論仁，確實有「推儒備道」的整體性，並沒有離開宇宙大道，也沒有離開個體生命而只談人道。

「義」，字形上「羊」下「我」，是善良的自我威儀，現代人多理解為正義、公義、俠義，是善良意志的堅守，甚至是俠義能力上的襄助。《孔子家語》中，〈哀公問政〉有孔子的回答：「義者，宜也，尊賢為大」，善良的心，發動為外在行為時，必須要合宜，不能過分，尤其不能傷及他人。簡而言之，便是以賢者的行義為參考導引，這是非常理智而實用的行為模式，人的衝動義憤，往往令人做錯事，最終傷害自己。德行顯示大道，仁慈的心性流露成為德行，而因仁心彰示見義勇為的行徑，且有禮的規範使俠義的行為恰到好處，這便是道德行為顯現、互相約制的最佳配合。

（四）忠孝智勇之道

先秦儒家的忠孝之道，並不是後世的愚忠愚孝和單方面的服從。要實踐忠君愛國，君主必須是一位有道德的仁君，下屬則盡職盡責，仁君忠臣互相結合。「智」「仁」「勇」是互為配合的思想和行動，以智為首，智慧和仁愛加以配合，才能達到正確的德行。孔子開創的儒家哲學，注重「孝」道思想，比道家的討論更為深入，老子《道德經》只有兩處提到「孝慈」，孔子提倡人道為主的生命關懷，更貼近大眾的感情，是人文主義的踐行者，提醒人們不能放棄對生命的感恩，回報父母的大愛，必須通過踐履孝道，才是對真正生命意義的體驗。

忠孝不能兩全，家國不能兼顧，雖然二者有產生矛盾的時候，但也絕非根本的對立。一切道德行為都要視乎細節以至當時環境條件，當事人根據具體情境做出最終的抉擇，結果慢慢浮現，才明白該行為是否恰當。所以「當下是道」，自我修身即可，不要輕易去批評別人的道德，切忌自以為是，隨意指責他人的道德，必須首先反思自己的道德水平。而且道德的高下亦不是判然分明的，孔子教導學生要從側面和多角度去思索問題，提倡行為簡樸才是修養品德的基礎，平常日用之間即是大道的所在，不用強求。

（五）聖人楷模

如果讀者再配合閱讀孔子所撰寫的《周易．繫辭》，便會發覺孔聖人的哲學思維深度通天達地、寬厚宏博，令人讚歎。《孔子家語》比《論語》更全面地勾畫出孔子的人物形象，豐富了聖人的面貌，使人了解孔子修身以禮、從政以德、待人以恕等多方面的生活態度。呈現在我們眼前的孔子，是一個至聖、至仁、至德、至博的聖者，品德修養已臻化境，揮灑自如，平凡當中顯出偉大高明的德行，成為後人的道德楷模，人人跟隨學習，必為聖賢君子。

此次，因參與編纂「新視野中華經典文庫」之《孔子家語》的機緣，使我能夠重新潛心投入書中，猶如站在聖賢的身旁，聆聽他們一字一句的教誨和交談，理解這些千古的德音，受益無窮。修身是先秦諸子共通的行為，道家後來深入發展為性命雙修的氣功系統，而孔、孟都沒有離開身心合一的修養，後來的儒家發展出修身、齊家、治國、平天下的理想。孔子的修身，是哲理思想的學習與身體語言的禮義相結合，個人有修養並合宜地尊賢就是義，如果不懂適宜的尺度，也可按照習俗的儀規，這是退一步的禮義。孔子推行六藝教學：禮、樂、射、御、書、數，他本人文韜武略樣樣皆能，引導學生謹慎思辨，日後在人生大道之中，堅持道德仁義，「雖千萬人吾往矣」，培育出的學生個個都是俊彥君子。所以三千弟子，人人以老師為傲，七十二賢各有傑出成就，人人感戴師恩。知識無涯，孔子每事都虛心發問，溫故知新，自然博學多才。學思之後是實踐，必須學以致用，靈活應世。先有「好學不倦」，然後是親切的家語，諄諄的提點，在「誨人不厭」的工作中，以生命影響生命，永不言休地執教於杏壇，整理古籍，刪掉誨淫的詩篇，以春秋筆法評判歷史，被後人讚為：「一支妙筆，戰勝七雄五霸；幾卷詩禮，流傳億萬斯年」，成為「萬世師表」。

以下簡略列出孔子作為聖人的品格與成就：

（1）自強不息：雖然身為貴族之後，但因家道沒落，幼年喪父，孔子在社會上身份低微，他仍然努力實踐君子之道，自強不息，自我建構人生大道。

（2）終身學習：三歲失父，十七歲喪母，生活艱難困苦，始終為生命而奮進，十五歲立志於求學，成為終身學習的典範。

（3）禮行天下：三十歲學禮有成，齊景公訪問魯國，與之會面，談論天下大事，漸有名聲而謹守禮讓謙虛，從不驕傲自大。

（4）教學並進：三十多歲開始教學生涯，「誨人不厭，好學不倦」，教與學結合，是教學相長的模範。

（5）因材施教：能夠體察人性，結合學生的不同性格和資質，加以恰當的輔導和啟發，引導人格品德的完善學習和發展，使學生充分發揮自己的潛能。

（6）官績卓越：做官時政績顯著，賊人聞風逃避，軍事上當機立斷，兵不血刃收回國土，顯示出文韜武略，實行仁政和德政，創建富裕和諧的社會環境。

（7）刪書訂禮：述而不作，阻擋負面訊息流通，不畏王權惡霸，公正地記錄客觀歷史。

（8）身教化育：待人接物和顏悅色，令學生親身受到感染和啟發，增進知識和智慧，因而他去世後很多學生替他守墓三年，子貢更是守墓六年，古今所罕有。

（9）有教無類：教育學生無論富貴貧賤，皆用禮樂加以教化，誘發學生多元化興趣，讓學生親身經歷每一個學習過程。

（10）萬世師表：行住坐臥，都產生教與學的人格魅力，日常生活中修身以禮、從政以德、待人以恕，處處散發人性光輝：至聖、至仁、至德、至博，成為聖者。

對於《孔子家語》以及孔子的教育思想，在今日「新視野」角度中，不妨加入西方的生命教育（The Holistic Curriculum）理念重新審視，希望從中找出一些具有啟發性的智慧。另一方面，可以重新調整禮樂教育的形式，簡化內涵，使現代人更易於接受（筆者曾被香港教育學院邀請，為「六藝五常」活動中的禮儀做統籌工作，既有樸素仿古的禮服，也有鐘鼓的喧天動地，更以簡化方式示現禮的精神內涵），令孔子思想古為今用，為下一代教育開闢新途，提供借鑒。孔子被尊為萬世師表，成為教育工作者的楷模，以生命影響生命，孔子的哲理思想，更是普世價值，被不同羣體的人讚譽，成為友善人際關係、家庭和諧、世界大同的基石。完成「新視野中華經典文庫」之《孔子家語》後，感慨良多，故不揣鄙陋，為之歌曰：

家語絲絲，溫馨燕爾，
聖賢鈞道，悠然坦蕩。
學習終生，修身力行，
齊家治國，孝德仁義。
禮樂教化，育才維新，
君子雍穆，恭順敬慎。
忠貞厚恕，信誠日月，
大同康莊，和諧體一。

《近思錄》導讀

宋儒的天道論與人道論

臺灣中央大學中文系教授
楊祖漢

一、《近思錄》的作者及成書

香港中華書局編選「新視野中華經典文庫」，用意是活化古代經典，讓當代的華人，尤其是年輕朋友認識優美的傳統文化，把古代中國人的智慧表現在當前的生活上，體現華人有其深厚的文化傳統而與其他文化不同的特異處，這當然是非常有意義的文化事業。

《近思錄》是南宋朱熹（一一三〇—一二〇〇）邀約呂祖謙（一一三七—一一八一，東萊先生）共同編纂的，書名取自《論語》「切問而近思」之意。[1] 朱子的序云：

> 淳熙乙未之夏，東萊呂伯恭來自東陽，過予寒泉精舍，留止旬日，相與讀周子、程子、張子之書，歎其廣大閎博，若無津涯，而懼夫初學者不知所入也。因共掇取其關於大體而切於日用者，以為此編，總六百二十二條，分十四卷。蓋凡學者所以求端用力、處己治人，與夫所以辨異端、觀聖賢之大略，皆

1 《論語・子張》：「博學而篤志，切問而近思，仁在其中矣。」

粗見其梗概，以為窮鄉晚進有志於學而無明師良友以先後之者，誠得此而玩心焉，亦足以得其門而入矣。如此然後求諸四君子之全書，沉潛反覆，優柔厭飫，以致其博而反諸約焉，則其宗廟之美、百官之富，庶乎其有以盡得之。若憚煩勞，安簡便，以為取足於此而可，則非今日所以纂集此書之意也。

據此序可知，《近思錄》是南宋孝宗淳熙二年（一一七五）夏天十天左右編成的。朱、呂二人會面，是因為呂祖謙有鑒於朱子與陸九淵（一一三九—一一九三，象山先生）二人學術見解不同，於是邀約雙方見面論學，這便是有名的鵝湖之會（一一七五年六月）。朱、呂二人在會前見面，短時間便編出了影響後世非常深遠的《近思錄》。此時朱子四十六歲，思想見解已經成熟。[2] 對於北宋四子的學問見解，朱子年輕的時候就已經潛心苦讀，從四十歲到編撰《近思錄》的數年間，朱子對於周敦頤（一〇一七—一〇七三，濂溪先生）、張載（一〇二〇—一〇七七，橫渠先生）、二程（程顥（一〇三二—一〇八五）、程頤（一〇三三—一一〇七），即明道先生、伊

2 朱子的思想見解得以成熟，是在他研討中和問題的時候，也就是他提出中和舊說與新說的幾年間，即三十七歲到四十歲的時候，而朱子在四十歲後的思想變化則不大。

川先生。以下簡稱四人為北宋四子）的著作，作出精當的注釋與講解，並且作了嚴格的考訂[3]。由於他對北宋四子的思想理解與文獻蒐集已經花了很多時間和工夫，所以可以在呂祖謙來訪的短暫時間內，根據北宋四子的語錄、文集等精選了六百多則，並作了系統性的分類。此書雖然是朱子與呂祖謙共同編纂的，但朱子應該處於主導的地位，後世學者大體將《近思錄》視為朱子個人編纂的作品，認為書中體現了朱子對於北宋四子的理解；然而，呂祖謙在此書的選材上也有相當的發言權，《朱子語類》有兩條有關的記載，可說明此點：

> 一、近思錄首卷難看。某所以與伯恭商量，教他做數語以載於後，正謂此也。若只讀此，則道理孤單，如頓兵堅城之下；卻不如語孟只是平鋪說去，可以游心。（《朱子語類．論自注書》）

3 據王懋竑《朱子年譜》，朱子在乾道六年（一一七〇）至淳熙二年（一一七五）的著作甚多，有關宋明理學的有《論孟精義》《西銘解義》《太極圖說解》《通書解》，又編成《程氏外書》《伊洛淵源錄》及《近思錄》等。參考《近思錄》（上海：世紀出版集團、上海古籍出版社，二〇一三年）書中嚴佐之的〈導讀〉。

二、陳芝拜辭，先生贈以《近思錄》，曰：「公事母，可檢『幹母之蠱』看，便自見得那道理。」因言：「《易傳》自是成書，伯恭都摭來作閫範，今亦載在《近思錄》。某本不喜他如此，然細點檢來，段段皆是日用切近功夫而不可闕者，於學者甚有益。」（《朱子語類．訓門人七》）

第一條是討論《近思錄》卷首有關道體的文字，他提出此卷義理深微，似乎開首便給了讀者一個難關，不合於「切問而近思」的宗旨，於是朱子請呂祖謙為此作一些說明[4]，可見朱子對於呂祖謙在編纂本書中的地位是相當敬重的。第二條是有關程伊

4 呂祖謙為《近思錄》所作的序云：「《近思錄》既成，或疑首卷陰陽變化性命之說，大抵非始學者之事，祖謙竊嘗與聞次緝之意，後出晚進於義理之本原，雖未容驟語，苟茫然不識其梗概，則亦何所底止，列之篇端，特使知其名義，有所嚮望而已。至於餘卷所載講學之方，日用躬行之實，具有科級，循是而進，自卑升高，自近及遠，庶幾不失纂集之旨。若乃厭卑近而騖高遠，躐等陵節，流於空虛，迄無所依據，則豈所謂近思者耶！覽者宜詳之。」大意是說：卷首所錄的文字是有關宇宙生化的活動，以及生化的本體與人的道德實踐的根據，所謂天道性命的問題，這是探討一切的存在之根據與價值之根源問題的學問，義理很深奧，應該不是初學者能夠明白的，但如果初學者不知道這種學問的終極目的所在，就容易迷失方向。故在《近思錄》卷首先列出這些文字，讓後學知所嚮往，也是必須的，但這並不是要初學者好高騖遠。呂祖謙在文中有讀《近思錄》先用功於其他各卷，最後才讀卷首之意，朱子也有此意（如云：「看《近思錄》，若於第一卷未曉得，且從第二、第三卷看起。久久後看第一卷，則漸曉得。」）見《朱子語類．論自注書》。

川的《周易程氏傳》（簡稱《易程傳》）的問題，從這條的記載可知，在編纂《近思錄》時，朱子本來不主張選入《易程傳》的一些文字，但由於呂祖謙堅持，朱子就不反對。文中言「段段皆是日用切近功夫而不可闕者」，可知不只有關「事母」一條。在《近思錄》中有相當多《易程傳》的原文，不止是上引有關家道的部分，很多卷也有。朱子對於《易程傳》當然很肯定，就如上條所說的，但他也有作出批評，認為伊川此書是藉《易經》的卦象來講人事之理，並不符合《易經》的原意。或許《近思錄》中收錄了那麼多《易程傳》的文字，是出於呂祖謙的堅持。故對於《近思錄》，仍須看作是朱、呂二人合編的著作。

此書把北宋四子的重要言論與著作選為十四卷的專書[5]，十四卷中每一卷皆有一個獨立的篇名，在《近思錄》編成的時候，本來並沒有加上篇名，後來的《近思錄》注本則大都加上篇名，所加的篇名雖有不同，但大體差不多，都是根據《朱子語類》中所載朱子有關《近思錄》的一段話加上的，朱子說：

5 一般都會把邵雍（康節先生）視為北宋重要儒者，與周、張、二程合稱為北宋五子。而《近思錄》則不收邵雍的文字，可見在朱子心目中，邵康節的學問見解並非儒學正宗。

《近思錄》逐篇綱目：（一）道體；（二）為學大要；（三）格物窮理；（四）存養；（五）改過遷善，克己復禮；（六）齊家之道；（七）出處、進退、辭受之義；（八）治國、平天下之道；（九）制度；（十）君子處事之方；（十一）教學之道；（十二）改過及人心疵病；（十三）異端之學；（十四）聖賢氣象。（《朱子語類．論自注書》）

後來刻印的《近思錄》，有些按照原書不列篇名，只在每卷卷首說明大意，如宋代葉采《近思錄集解》[6]；有些直接採用朱子上文所說的綱目，如清代江永的《近思錄集注》；有些把朱子所說的綱目加以簡化，如清代張伯行的《近思錄集解》。

6 嚴佐之、程水龍認為葉采的《近思錄集解》每卷都有篇名，除卷首與朱子所說者相同外，其他都有修改（見《近思錄．導讀》（上海：世紀出版集團、上海古籍出版社，二〇一三年，頁九）），但此說恐誤。韓國翻印的葉采注本並無篇名，只在卷首以小字注解表達每卷的主旨（《心經．近思錄》（首爾：保景文化社，一九九五年））。如果葉采原來已有各卷的篇名，韓人翻刻時不可能把篇名去掉，有篇名的葉采《近思錄集解》，篇名應是後來所加，並非原本。

二、《近思錄》的內容思想

（一）《近思錄》的「天人合一」思想

據朱子的說明，**十四卷的《近思錄》等於把北宋重要儒者的思想言論分成十四類。由於選擇精要、分類嚴謹，此書可說是把北宋儒者的內聖外王的學問規模、重要見解做了系統性的鋪排。**《朱子語類》有兩條云：

一、《近思錄》好看。四子，六經之階梯；《近思錄》，四子之階梯。（《朱子語類・論自注書》）

二、或問《近思錄》。曰：「且熟看《大學》了，即讀語孟。《近思錄》又難看。」（《朱子語類・論自注書》）

朱子認為《近思錄》可以是四子書的階梯，即是說讀懂了《近思錄》，就可以進一步了解《論語》《孟子》《大學》《中庸》的義理，這是朱子謙虛或推崇聖人的說法，[7]其實《近思錄》所記載的宋儒義理，是四書的進一步發展，其內容涉及天人性命之道，並不像四書般平易近人，故上引第二條的《朱子語類》便有《近思錄》比四書難看，學者讀了四書才能讀《近思錄》之意。

關於先秦儒與宋明儒思想的異同，當代牟宗三先生有非常清楚的表達。[8]他說孔子的思想主要是踐仁以知天，而仁與天在《論語》中的表達是有距離的，但宋儒則認為仁與天是「一」。孟子的主旨是盡心、知性以知天，心性天在孟子的表達中也是有距離的，而宋儒多認為心、性、天是「一」。《大學》「格物致知」之說，本意並不清楚，伊川、朱子則把它規定為即物以窮其理，這樣理解就成為宋儒重要的實踐工夫論。《中庸》言「天命之謂性」，又有「至誠盡性」之說，天命與性在《中庸》中也未明言是「一」，宋儒則認為天命即是性，天道流行，人、物都以天道為性，而聖人所表現出來的生命的真誠，就是天道在人生命中的表現，故「誠」也就是天道。從以上所說，可知宋儒的確能契接四書的思想主旨，而又作了進一步的發展。故此，對於

7 有學者認為此條所說的四子是指周張二程，並非四子書，此說恐怕不對，因為說周張二程四子是六經的階梯，並不恰當。而朱子的《論孟精義》完全是用周張二程的說法來解釋論孟原文，而《四書集注》也大量引用周張二程的說法。故說《近思錄》是四書的階梯，在義理上說當然是可以的。

8 牟宗三：《心體與性體》（臺北：正中書局，一九六八年），第一冊，綜論。

朱子所指《近思錄》是四子書的階梯之說，應倒過來了解，即了解了四書之後，如果要進一步體會儒學義理，必須要讀《近思錄》。

宋儒義理的發展主要是認為人生命中所表現出來的道德心、道德之情與無條件為善的道德行為，所根據的固然是人的道德本性，但此性是與使一切存在能夠存在，或說使一切存在能生生不已的天道，是同一的。此所謂天道性命相貫通。此說一方面使人的道德實踐的活動具有天道生化的意義，另一方面為天道的生化提供了道德價值的說明。故此，人努力實踐其道德本性時，就同時與宇宙的生化及一切的存在相感相通。既然人的道德本性就是使一切存在於能不已地存在的天道本身，故當人從事道德實踐時，他的實踐範圍不能只限於人類，而一定要求「親親仁民愛物」，甚至認為成就了天地萬物的存在才算是個人自己的完成。

「天道性命相貫通」之旨，張橫渠有一段話表達得最為清楚，雖然《近思錄》未有收錄，但值得徵引討論，橫渠說：

> 天所性者，通極於道，氣之昏明不足以蔽之；天所命者，通極於性，遇之吉凶不足以戕之。（《正蒙・誠明篇》）

這段文字表示人需要以天道為性，而輕濁厚薄的氣性雖有不同，但氣稟的不齊並不足以障蔽人所具有的天道之性。即是說，人應當努力突破現實生命的氣性的限制，使自己有限的生命表現如天道般能生化一切、成就一切；另外，人又當以自己的道德本性所發之要求，即無條件的道德實踐，作為上天給予人的命令，不管現實的遭遇是吉、是凶，都不能違反這由本性所發的道德命令的要求。橫渠此段話表現了非常強烈的要以人來合天的自我要求。以上所說，在張橫渠的〈西銘〉也表達得非常清楚。

至於「天人合一」這句著名的話，也是由張橫渠正式提出來的。一般人可能不太清楚「天人合一」的意思，天是無窮無盡的，而天德的作用是對於往古來今一切的存在的。人如何能與天合一呢？如果從人的道德本性來說「天人合一」，按照宋儒的義理，人性的活動本來就是天道的呈現，二者本來是「一」，不需要說合，那就不需要說天人合一。故程明道曾批評張橫渠，認為說「天人合一」是多了一個「合」字，天人本不二，不必言「合」。當然，張橫渠所說的「天人合一」，不是只就人德與天德或人性與天道相通、或不二來說，他雖然預設了人性天道之不二，但他認為人必須要求自己努力不斷地實踐人道，希望自己如同天道生萬物一般，對一切的存在負上道德的責任，即希望成就、善化一切的存在。故他說「惟大人為能盡其道，是故立必俱立，知必周知，愛必兼愛，成不獨成。」（《近思錄．卷一道體》）這樣理解「天人合一」，就是要求以自己有限的生命力量去做如同天地生萬物般的無限工作。這便不只從人德（即天德）說，也從人的形體與天的形體的不同來說，既然人的形體與天的形體有所不同，那樣「天人合一」便有意義了。當然，這裏所說的「合」若從形體的不同來說，是不可能的，也可以說橫渠言「天人合一」是明知天人有形體的重大區分，不可能合一，但仍要求人與天合一，這表達了橫渠乃至全部宋儒所強烈表現出的理想主義精神。雖然人不可能做到如同天地般「體萬物而不遺」，但人必須要有這種自我要求。唐君毅先生就曾用「以人合天」來說明橫渠的主要見解，他這個看法十分中肯，故橫渠所說的「天人合一」並不只就天德與人德說，而是要連同人的形體與天的形體來說。天德與人德不二，故在人性中實現出來的雖然是有限的行為，但其精神意義與價值是與天道同樣的無限。從人的形體上說，人固然渺小，不管如何努力都無法達到與天同等的地位，雖然天人在形體上存在懸殊的差異，但人不能因此而自限，應該順着性體的無限的要求，做終生的成己成物的努力。這也可用牟宗三先生的「即有限而無限」之語來說明。如果有這樣的了解，則橫渠所說的「天人合一」，便表達了豐富而清楚的義理。

上說橫渠強調「天人合一」，而明道則認為不必言合，二人的見解各有其精彩處，明道的思想見解表現了人可以在任何的人生活動上，當下表現出天道的生化一切的意義，天道的生化一切，雖然是無限的作用，但人呈現仁心時，也頓時可以表現與一切存在相感相通的意義，這就好比在人的具體生命中，表現了無限的天道，甚至這裏不能分開人的道德實踐與天的生化活動的不同，二者本來是同一回事，故明道說：

> 大小大事而只曰「誠之不可揜如此」。夫徹上徹下，不過如此。……但得道在，不繫今與後，己與人。（《近思錄・卷一道體》）

這種天人一本、當下即是的體悟，可以使人有目前的片刻就是永恆的感受。理學家嚴於「存天理，去人欲」的工夫，常給人嚴肅、拘謹的印象，但從明道這些話看來，道德生活對於他們而言，是一種最高的生活享受。這種天人一本的體會，是從道德實踐作為根據來說的，明道就有「立誠」及「識仁體」之說：

> 「修辭立其誠」，不可不子細理會。言能修省言辭，便是要立誠。若只是修飾言辭為心，只是為偽也。若修其言辭，正為立己之誠意，乃是體當自家「敬以直內，義以方外」之實事。道之浩浩，何處下手？惟立誠才有可居之處，有可居之處，則可以修業也。（《近思錄・卷二為學》）

醫書言手足痿痺為不仁，此言最善名狀。仁者以天下萬物為一體，莫非己也。……可以得仁之體。（《近思錄・卷一道體》）

第一條說人在當下的語言談論的活動中，就可以表現出生命的真誠，故「修辭立其誠」，並不是說要修飾說話時的言辭，而是要當下把真誠的生命通過言辭表現出來，這種立誠的工夫，隨時隨地都可以做，也就是隨時隨地都可以表現出「通內外人我而為一」的天道的活動。第二條，明道從中醫的角度用不仁來說明手足的痿痺現象，讓人體悟到所謂「仁」就是一種與一切人、一切物感通不隔的心情，固然有仁德之人會希望幫助需要幫助的人，但能實現幫助他人的事功，是仁心的功用；而仁心本身不能從功用上來衡量，必須從當下的感通不隔的心情上來體會。[9] 從上文所引橫渠與明道的言論，可知宋儒對於先秦儒所說的義理，不只有進一步的發展，更有深刻、自然而活潑的體會與表達，這種體會與表達的方式，應該是受到中國化的佛學所影響。雖說受佛學影響，但宋儒表達的仍然是正宗的儒家義理。

9 程明道的〈識仁篇〉對於仁體的形容更為有名，但朱子認為此段並非初學者可以體會的道理或可以用的修養工夫，故《近思錄》不收錄。

（二）《近思錄》與佛教思想

宋儒的思想義理本質上不同於佛教，不過它是受到佛教思想的刺激才較先秦儒學有所發展，此可從宋儒的形上學的見解與辨佛的言論看到。周濂溪後來被朱子視為宋儒開山之祖，原因可能是周濂溪的形上學思想很扼要地表達出儒學的玄思，並且他可以根據儒學義理恰當地回應佛教的思想。周濂溪在〈太極圖說〉（見《近思錄》卷一道體）以陰陽五行說明了宇宙生化、成人成物的過程，提出了儒家式的宇宙生化說；而更重要的是，他認為宇宙的生化是以「立人極」為目的，即是說人能成為一個道德的存有，能無條件的為善，便是宇宙生化的目的。這是以儒家道德的創造來說明宇宙所以會存在、所以會有繼續不斷的生化活動的理由。這正正回應了佛教緣起無自性與生命起源於無明的觀點。

從道德實踐來看人生，則人生的存在及倫常的活動都表現出道德的價值，故有其真實性與合理性。如此便得出了不同於佛教的宇宙觀與人生觀，周濂溪在《通書》中所說的「元亨誠之通，利貞誠之復」說明了人生，乃至一切存在雖然有生死的過程，但其實表現了價值上的「得其始」與「終極完成」的過程，而這始終的過程是「純粹至善」的。周濂溪所做的宇宙論或本體論的理論，都是為了肯定人生乃至世界存在的價值。張橫渠在這方面也有重要的貢獻，他提出「太虛即氣」的主張，又認為「聚亦吾體，散亦吾體」，除了表示上文所說的人應當盡其努力使天道生化一切的作用表現在我們有限的生命中之外，也表示道在陰陽氣化中表現，氣化並不就是道，但離了氣化就不能表現道。由於道不離氣化，所以從陰陽、五行及動靜、屈伸、往來、始終等氣化活動中便可以看出有妙道在其中，於是氣化的存在及其活動，吾人不能不肯定。雖說道不離氣化，而氣化的活動本身就表現出道的意義，但氣化活動並不足以完全地表達道的意義，即是說只是氣化的陰陽往來、動靜變化，並不足以完全表現道的意義。道的意義須從氣化之上的形上道體來說明。此是說從陰陽五行的氣化生成中，吾人固可以看出生化有其規律，但若只從氣化規律看，並不能表現出道德的意義與價值。道德的價值必須從吾人對氣化生成的體會上才可以看出，如氣化有聚散，人的生命也有始終，但從人在從生到死的過程中，可努力實現出人道的價值。在這種努力實現價值的活動中就可以體會到，氣化的聚或生命的開始存在，是價值的開始；而氣化的散，或生命的終結，是價值的完成。從氣化的散而又再聚，終而又始，是價值的得以生生不已，一切存在的存而又存，是為了道德價值的不斷實現。這種透過氣化的生成而表現出來的價值意義的不斷實現，並不能只從氣化生成的聚散往來的現象而完全地表現出來。如果人從氣化的聚散往來看出價值的不斷實現的意義，則一定需要在氣化生成之外肯定一個超越的形而上的本體。如果不對此作出肯定，對於藉氣化表現出來的道德價值就不能有一個合理的說明，因為如果氣化的生生不已只是陰陽往來的聚散，則氣化的存在何以有道德價值的實現呢？這並不能充分說明其思想，因此，必須於氣的活動之上肯定一個形上的氣之本體。張橫渠的「太虛即氣」論，就是說超越的道體即於氣化而表現，並非說太虛就是氣，或只須在氣化的往來、出入、動靜變化中就可以說明萬物生成的意義與價值。

張橫渠說人要「大其心」、要「合天人」，這表現出人作為一個個體存在需要有理想的要求，此理想的要求不能從氣得出說明。此一理想是吾人之性，此性出於天，而所謂出於天，並非出於陰陽氣化。橫渠所說的性是超越的，雖說是氣之本體，但並不是氣。橫渠認為有氣質之性與天地之性的區分，二程也有「性出於天，才稟於氣」之說。道不離氣，故對於世界及人的倫常生活須作出肯定，不能如佛教所說的以出離世間為理想。一切存在的存在意義都可以從人的道德實踐中體會到，即一切的存在都有其真實的意義與價值，如為父當慈、為子當孝，當慈孝實踐出來時，人便會體會到父子的存在雖然在氣化的生成變化中是變化無常的，但卻是真實的。這是從道德實踐中得出的理的真實性，並對存在的真實性加以肯定。由此便反對「緣起性空」及一切法「唯識所變現」之說。

以上簡單說明了周、張、二程的形上學理論所含的辨佛的思想，由此可知宋儒為

了回應佛教的思想，在儒學的理論上有所發展，其發展出來的理論亦對佛教的宇宙觀與人生觀作出了合理的回應。宋儒從佛學流行中國數百年的情況下，重新為儒學建立起作為中國思想的主流之地位，雖然它是回應佛學而有所發展，但義理的本質確實屬於儒學，而非有些人所謂的「陽儒陰釋」。

（三）《近思錄》對人生及倫常關係的態度

以下，再說明宋儒對人生及倫常關係的態度。既然宋儒所說的道德本性即是天道，則此性應是絕對普遍的。既是絕對普遍的，則此性不能只限於人，即不只是人所有，而是天地萬物都有此性，因為天地萬物的存在也必以天道為存在的根據。因此，宋儒對於天地萬物或往古來今的整體存在界，有「這一切的存在都是合理的」之肯定。這是由道德實踐所給出的「希望成就一切人一切物」的要求，而產生了對一切存在的整體肯定的說法。這種對世界肯定的態度，表現了其與佛教不同的人生觀與宇宙觀。佛教以「緣起性空」為基本教義，對一切的存在不能有「一切存在本身有其固有的價值」，有其存在的真實根據之肯定，甚至對於人生的倫常之道也不能予以根本的肯定。固然佛教的圓教理論可以肯定一切眾生、九法界的存在可以不改變其存在性相之不同，而同是「佛法身」或「佛法界」的內容，一個也可以不少，任何差別也可以不改，但這是以「三千法」都是佛法來作全面的肯定，而不是就「三千法」本身來肯定「三千法」，即不是認為「三千法」本身就有其固有的內在價值來肯定之。

至於宋儒則視倫常的人生為天理所在，這並不只是說倫常人生可以與佛法界不礙。據佛教的義理，「三千法」都是以空為性，所以都可以表現「佛法界」的意義，而倫常人生也不能外於緣起性空，故也可以表現佛道。這是以普遍的空（空理甚至可以說是絕對普遍之理，如呂澂所說空是虛的共相）來涵蓋倫常人生。儒家肯定倫常人生並不是此義，而是認為倫常人生的每一種表現都呈現了只有這些表現才可以有的道德價值。如父子有親，一旦在父母兒女的關係活動中表現了親愛，則父子的關係就表現了其本身當有的意義與價值。道德的價值固然能夠在人生的各種倫常關係中表現，但每一關係中所表現的德，是只有此關係才能夠表現的，即是說父子之親這種「親」的價值，只有在父母兒女的關係中才能表現出來，是有其特殊性的，我們不能抹殺父子這一倫，說父子之情也可以表現在別的關係裏。固然在別的關係中可以有類似於父子之情的表現，如老師對學生，師生可以相視如父子，但父子之親情自有其真切處，非別的倫常關係表現的感情可以完全地取代。其他的夫妻、兄弟、朋友、甚至是君臣關係所表現出來的情感，也是如此，各有其本身具有的特殊意義，非其他的倫常關係可以取代（按現代少子化的家庭趨勢來說，兄弟姊妹這一倫可能會沒有了，這對於人生而言可能是一種大缺憾，兄弟姊妹之情不同於父子、夫妻與朋友。好像基督教的一個說法：兄弟是為了你有事情的時候存在。即是說，平常沒事的時候，兄弟姊妹可以好久不見面，但你一旦發生危難，兄弟姊妹便會馬上來到，與你分擔苦難。俗語所說的「兄弟鬩於牆，外禦其侮」也表達了此義。由此可見兄弟姊妹之情也自有其真切處，並非其他倫常人生之情可以取代）。

宋儒對於五倫的肯定，可以用「理一分殊」來說，即雖然倫常中表現的是普遍的道德之理，但此普遍的理是通過特殊的存在來表現的，此中普遍與特殊二義都需要肯定，不能說由於要追求絕對普遍的理，便犧牲自己特殊的倫常關係，有關此義，陸象山與友人在辯論時已表達得非常清楚，用現代的話來表示，象山認為雖然佛教也有「上報四恩」之說（即主張要報答父母的恩情），但報恩並不是成佛的必要條件，而成佛也不是以當孝子為條件。故要成佛，出家為易。但依儒家的說法，聖人一定得是一個孝子，如果有親在堂而不孝，則絕對不能成為聖人，即是說從孝道可以成就聖人，人而不孝一定於德性有虧，儒家之最高的理想人格，所謂聖人，是要通過孝悌之道實踐完成的。[10] 故伊川為其兄程明道寫的〈行狀〉有說：「知盡性至命，必本於孝

10 陸九淵：〈與王順伯〉，《陸九淵集・卷二》（北京：中華書局，二〇〇八年）。

悌；窮神知化，由通於禮樂。」（《近思錄．卷十四聖賢》）說明聖人之道要以實踐孝道為基本，宋儒所說的天道或宋儒義理中的道德的形而上學，所謂的天道，需要連同在倫常人生中所體會到的無論如何都不能捨棄的親情或友情來說的。天道固然是普遍的理，但此理也是人間的至情，情與理在此處不能強做區分。雖然程伊川有「性中只有仁義禮智四者，幾曾有孝弟來」之說，這是他要從理契入，以理來定住人的生命，從而引發道德意識，而不要因為情緒的變化而擾亂理的普遍性之義，伊川作此區分固然有道理，但也容易引起誤會。對於在倫常中表現的特殊之理，或理在倫常關係中所表現的特殊面貌，伊川是肯定的，他曾經用「理一分殊」來為張橫渠的〈西銘〉辯解，他的學生楊時（龜山，一〇五三－一一三五）曾認為〈西銘〉要求人以天地之道作自己的父母，要對一切人一切物都有民胞物與的心懷，這有點像墨家兼愛之說，不合孟子對墨家的批評。伊川則認為橫渠雖表達了萬物一體的仁心，但並不抹殺人間倫常關係的種種特殊的規定，如君臣、父子、長兄與其他兄弟的分別，人生中可能有種種不同的情況，面對不同的關係而回應的態度之不同，伊川認為橫渠的〈西銘〉是有保留的。伊川此一分辨非常正確。

有關此義，程明道則說「天地生物，各無不足之理。常思天下君臣、父子、兄弟、夫婦，有多少不盡分處。」（《近思錄．卷一道體》）明道從天地萬物都有天道作為其存在根據，故天地萬物的存在都本身有其不可取代的價值。所謂各無不足之理，即每一特殊的存在都有其本身自足之理，每一存在或每一關係都有它不可取代的自足價值，故不能為了某一個關係而犧牲另一關係，不能說我可以移孝作忠，或我為了實現對人類的大愛而犧牲對家庭的小愛。每一重關係，都有其不可取代之處。當然我們不能在同一時間做盡應做的事情，故每一個人真切反省起來，都有應做而做不盡的責任，此處明道「有多少不盡分處」之歎，說得十分真切。所以會不盡分，一方面是有限的人在特定的時空中不能做完該做的倫常責任；另一方面，即使我們現在只做倫常中的某一事情，或盡的是某一種倫常之道，也做不完該做的事情。誰能把人生關係中本來具備的「無不足」的道理、價值完全實現出來呢？人越反省便越覺得慚愧。

從以上所述可知，**宋儒所體會的倫常之道，是在對於人生的道德之理做充其極的了解，知道此理是天地之道，而又回來對人生的倫常做根本的肯定。由於有這一迴環往復的體會，故天道與人道是分不開的，即是說宋儒所說的天道，是以他們對倫常人道的體會做根據，而他們所體認的人道也以天道的絕對普遍做背景。故天道固然偉大，人道也絕對不小；人道固然具體而真實，而天道也絕非抽象的道理。**

以上所說的，都是北宋儒者的共同見解，朱子選編《近思錄》除收錄了許多表達上述之見解的文獻外，對於程伊川的文字選錄尤多，而伊川的見解以「涵養須用敬，進學在致知」二句表達得最為扼要。[11] 伊川（也可包含明道）對人的「天命之性」與「氣性相即」的情況體會甚深，由於人出生後性與氣不能相離，故人雖然有普遍的相通的道德之性，但也不能不受氣性的參差不齊所限制，於是人必須通過後天的工夫努力，才能把人本具的道德本性實踐出來，這是宋儒強調工夫論或修養論的緣故，這也是宋儒比先秦儒義理更進一步的地方。周濂溪的「知幾」「主靜」已經是很深切的內聖工夫，張橫渠強調「變化氣質」，程明道主張「當下立誠」，都表示了人可以呈現本有的道德本性，並以此作為根源的動力，轉化現實生命的不合理，程伊川則強調在「涵養」與「致知」兩方面作工夫，主敬涵養使人的生命平靜清明，致知以窮理使人通過對於道德性理的逐步了解，而產生依性理而實踐的動力，伊川的說法與周、張、明道三人稍有不同，但也是儒學以成德之教為本質的重要修養工夫。伊川之說為朱子所承繼，朱子尤為看重「格物致知」，因此《近思錄》選取了很多這部分的內容，在相關的重要段落中，我也做了一些發揮，希望能適當地說明伊川、朱子此一主理或重理的系統義理。

11　見《近思錄・卷二為學》，這裏標明是明道語，但這兩句話最能代表程伊川的思想見解。

三、《近思錄》成書後的影響

由於《近思錄》是朱子主編的，而朱子在南宋以後的地位日益崇高，故《近思錄》也非常受到重視，成為南宋以後到清朝士子必讀之書。在韓國、日本、越南也流傳很廣，成為東亞儒學界重要的典籍，各種刻本、注解本很多。在當代，此書雖然不復清朝以前的地位，但也是公認的研究宋明理學必讀之書。當代史學家錢穆先生甚至認為，《近思錄》是中國人必讀的九本經典之一。名學者陳榮捷先生首先把此書翻譯成英文，也成為西方學者研究中國宋明理學的重要參考書。此書以分類的方式精選北宋四子的重要言論，很有系統地表達了北宋儒者的重要見解，由於此書之普遍流行，使得宋明理學的基本觀念得到廣大認同，此書的重要言論、格言也構成了中國民間對於修己治人及家庭倫常的生活基本觀念，對於涵養中國人的文化意識、道德意識起了很大的作用。

由於此書只編選了北宋四子的言論及著作，缺少了朱子的部分，清儒江永把朱子有關的重要言論、文字，以注解的方式放在《近思錄》相關的各條文字之下，於是也等於按照《近思錄》的分類方式，選編了朱子的言論。《近思錄》之後有多種續編的著作，如清儒張伯行有《續近思錄》《廣近思錄》等。《續近思錄》是依《近思錄》的分類方式來選編朱子的重要言論，選擇也頗為精要。《廣近思錄》則選編朱子以外從南宋到明，與朱子親近的師友或朱子系學者如：張栻、呂祖謙、黃榦、羅欽順等的有關言論，也頗有參考價值。當然，朱子與呂祖謙編選《近思錄》是以朱子思想見解為主，來選錄北宋儒者的著述，朱子的見解最接近程伊川，他承繼伊川的思想而發展。伊川朱子一系的思想並不足以涵蓋宋明儒的全體思想，故《近思錄》只能視為從朱子系的思想角度來選錄北宋儒者的文獻，應該是不夠全面的。例如，程明道的〈識仁篇〉非常有名，也是在明道思想中非常重要的文獻，而《近思錄》卻不收。此中的分辨需要看當代學者的研究，如牟宗三先生的《心體與性體》。牟先生對伊川朱子的思想作出詳細的衡定，認為並不同於周濂溪、張橫渠、程明道的思想，也並非孔孟思想的全義。牟先生此說雖然精闢，也論證緊密，但可能還有作進一步思考的空間。我在本書〔指中華書局（香港）有限公司出版的「新視野中華經典文庫」之《近思錄》〕有關伊川的文獻的點評中，也作了一些討論。我認為伊川所說的從「常知」進到「真知」之說，即是認為人對道德法則是本有所知的，但必須根據本知而進一步深切了解，才可以依照道德法則而給出真實的道德實踐。即從小孩都知道的老虎的可怕，進到談虎色變者的田夫，如此的真知道德之理，才能真正做到見善必為、見惡必改。人也必須正視現實生命的不純粹的事實，而切實作對治意念的工夫。即人容易受到感性慾望的牽引，而不肯按道德之理而為所應為，故必須持敬涵養，以閒邪存誠，而這種工夫可以使本有的善性從內而外透顯出來。故我認為求真知性理的格物致知的工夫，與面對現實生命的不穩定而作的涵養持敬，對於要使自己成為有德者，是相當有效的作法。這一部分的內容在《近思錄》是非常多的，很可以為現代人從事德性的修養給出參考。如果可以使這一傳統的實踐智慧活化，而成為現代中國人道德修養的工夫，應該是很有意義的事。

四、餘論

朱子與呂祖謙編《近思錄》時，對於所選的本文並未加上注解，雖然他們有系統地區分為十四卷，但原來並未加上篇名，這可能因為他們認為所選的文獻都是宋儒的精萃，人們可以單就所選的文獻原文來體會，不必先看有關的注釋，以避免先入為主。故讀《近思錄》最符合原編選者的心意的讀法，應該是直接就文本加以往復誦讀，然後在自己的思想言行中切實體會，而不必求助於古今的注解。此外，《近思錄》所選的文字以「語錄」為多，文字相對淺顯，本來不必多所注解；但從另一角度看，這些表面較為淺顯的文字，由於是說理之言，宋儒要表達的義理又是相當精深的，對於其中的涵義，就不能不講解。是故本書除了為《近思錄》的原文作注解與語譯外，又有不少釋義，其中尤以前數卷為多，這釋義的部分應該是本書與其他《近思錄》的注解不同的地方。本書也參考了比較重要的《近思錄》的注本，但對義理的說明，多是出於自己的了解，參考時人之注處，並不太多。所參考過的有關著作，如下列：

（一）朱熹、呂祖謙編，葉采集解，嚴佐之導讀，程水龍整理：《近思錄》（上海：上海世紀出版集團、上海古籍出版社，二〇一〇年）。

（二）朱熹編，張伯行集解：《近思錄》（臺北：臺灣商務印書館，一九九六年）。

（三）程水龍：《〈近思錄〉集校集注集評》（上海：上海古籍出版社，二〇一二年）。

（四）古清美注：《〈近思錄〉今注今譯》（臺北：臺灣商務印書館，二〇〇〇年）。

（五）陳榮捷：《〈近思錄〉詳注集評》（臺北：臺灣學生書局，一九九二年）。

（六）張京華注譯：《新譯〈近思錄〉》（臺北：三民書局，二〇〇五年）。

（七）黃壽祺、張善文：《周易譯注》（上海：上海古籍出版社，一九八九年）。

本書由我與許惠敏博士共同編寫，惠敏的碩士與博士論文都是由我指導的，她對宋明理學潛心研究十多年，很有個人體會。我與她先討論好要選錄哪些篇章，然後由許博士作注譯的工作，至於全書導讀、各卷前的導讀及前面幾卷的賞析與點評多是由我執筆。前三卷的內容義理比較曲折而精深，其中的譯注我也費了頗多工夫來訂正。我所指導的中央大學博士生呂銘崴、連育平，也幫忙撰寫了部分的注譯，中央大學人文中心的劉學倫博士，也多次幫我謄打文稿。非常感謝他們，沒有他們的幫忙，本書可能更會拖延一段時間。

《傳習錄》導讀

陽明學的傳世經典

復旦大學哲學學院教授、博士生導師
吳震

在中國傳統文化史上，有許多傳誦不絕的思想經典，如《論語》《孟子》都是大家耳熟能詳的，而**《傳習錄》也無疑是儒學史上的一部重要經典，十六世紀王陽明（一四七二——一五二九）的心學思想（又稱「陽明學」）便凝縮在這部經典當中。其中含有王陽明經由整個生命體驗而創發的豐富且重要的哲學智慧，例如陽明學的標誌性口號——「致良知」便是王陽明「從百死千難中得來」的而不是從書齋的經驗知識中歸納出來的，而「致良知」與「心即理」「知行合一」「萬物一體」等觀點不僅是陽明學的智慧結晶、重要理論，而且業已構成儒學傳統中最富代表性的內容之一。**

也正由此，閱讀《傳習錄》既是了解王陽明心學理論，同時也是了解儒家思想文化傳統的一個重要途徑，當然也是我們今天提倡重讀儒家經典、重訪儒學傳統的一項重要議題。

一、陽明學乃是儒學史上的一大理論高峰

在宋代以來中國近世儒學史上，陽明學與十二世紀朱熹（一一三〇——一二〇〇）開創的朱子學並列，形成朱熹理學與陽明心學的兩大理論高峰，共同構建了孔孟以來第二期儒學運動，史稱宋明道學或宋明「新儒學」（Neo-Confucianism）。如果說兩者

同樣作為儒學理論，因而在儒家價值觀等根本問題上秉持着相同的信仰及其追求，那麼在如何成就自己德性的具體問題上，心學與理學所設定的方法路徑卻顯出重大差異。

大致說來，朱熹理學設定世界是由理氣所構成的，理既是物質世界的所以然之故，同時又是人文世界的所當然之則，它代表整個世界的價值、秩序及規範，而氣則是一切存在的物質性基礎，人生亦不免受理氣兩重性的影響。因此，一方面理在心中、心具眾理，心具有統合性情的能力，而這種能力之所以可能的依據則是心中之理；但是另一方面，人心乃至人性又是稟受陰陽兩氣而生，不僅構成人性中的氣質成分，而且也是人心之能知覺的基礎，故人又非常容易受到氣質蠢動的影響，例如人們往往容易被物質利慾所牽引，從而導致人心或人性偏離正軌、迷失方向。

因此按朱熹理學的一套工夫論設想，我們唯有通過格物致知、居敬窮理——即通過學習而明白事理——等方法來不斷改變自己的氣質，克服人心中的私慾傾向，以打通由氣的介在而使心與理之間產生的隔閡，並最終實現心與理一的道德境界。這一為學路徑可簡化為：由「道問學」上達至「尊德性」的實現。無疑屬於儒學傳統固有的一種為學模式。

然而**陽明心學的核心關懷不在理氣論而在心性論，其基本預設是「心即理」，可**

謂是心學「第一哲學命題」，其核心觀念則是「良知」。良知是人的基本德性，是人心之本體，同時也就是天理，故良知心體乃是一切存在的本源，人的良知賦予世界以意義，若沒有人的良知，則整個世界的存在就無法呈現其價值和意義。關於這一點，陽明用一連串的強言式命題——「心外無物」「心外無理」「心外無事」等來加以表述，而這些看似違背常識的說法，其實正是陽明學第一命題「心即理」的另一種表達方式，其意旨則是相同的，都旨在表明心與理不僅是一種相即不離的關係，更是直接同一的關係。

按陽明心學的理論預設，心性理氣自然打通為一，心即理、心即性、性即氣三種說法可以同時成立。更重要的是，心與理並非是相悖之二元存在而是直接的自我同一，也就是說，作為理的價值秩序、道德規範不是外在性的而是直接源自道德主體。

那麼，何謂道德主體呢？按陽明的設想，良知便是道德主體——用陽明的說法，又叫作「主人翁」或「頭腦」，即良知作為一種直接的道德意識，同時又是直接的道德判斷之主體，能「自作主宰」，故又是作為「軀殼的主宰」或「意之主」的「真己」——最為真實之存在的自己。而作為直接的道德判斷之主體的良知必具有自知自覺的根本能力，「如人飲水，冷暖自知」一般，更無須倚傍他人或憑藉他力，只要一念萌發，內在良知即刻啟動，便自能知是知非，一切善惡更是瞞他不得。關於良知自知的這一特性，陽明又稱之為「獨知」，他有兩句著名的詩句生動地表達了這一觀念：「良知即是獨知時」，「自家痛癢自家知」。正是基於良知自知或獨知的理念，故道德行為的是非善惡最終唯有依賴於良知自知的判斷，而無須訴諸外在的種種人為設置的規範，換言之，外在的社會規範終須經過一番心體良知的審視才能有助於道德行為，而道德行為得以施展的內在動力卻在於心體良知而不是為了服從外在規範。

為什麼這樣說呢？因為良知就是唯一的「自家準則」。由此在德行的方法問題上，陽明學主張只要依此良知主體去做，並隨時隨地在事事物物上落實致吾心之良知的實踐工夫，最終便可實現成德之理想——用儒家的說法，就是成聖成賢的道德理想人格之實現，用我們現在的說法，就是成為一個有道德的人，使自己過上一種好的道德生活。

二、陽明學是對儒學思想傳統的傳承與創新

無疑地，陽明學以良知為人的基本德性，自有深厚的儒學思想傳統之淵源可尋。早在先秦原始儒家，與德行問題並重的乃是德性問題，《尚書》中「明德」之概念便是德性之意，而儒學史上膾炙人口的《大學》「明明德」之說，亦顯是指德性而言。

更重要的是，陽明心學乃是對儒學思想傳統的傳承與創新。

事實上，王陽明對於儒學傳統在於「心學」這一問題是有充分自覺意識的，他曾明確斷言「聖人之學，心學也」，並指出宋代以來被道學家所抉發的堯舜禹授受的「十六字心訣」中的「人心」「道心」說，乃是儒家的「心學之源」。落實在儒學歷史上，陽明認為孟子之學便是心學之典範，而在宋代儒學史上第一次提出「心即理」之命題的陸九淵（一一三九—一一九三）之學堪稱「孟氏之學也」，陽明自己則表示他是陸學的接續者，在陸九淵與朱熹之間發生的朱陸之辯中，陽明也明顯袒護前者，甚至撰述《朱子晚年定論》一書（該書在多種《傳習錄》單刻本中被作為附錄所收），表示朱熹晚年自悔早年之說，其為學旨趣開始趨近於陸九淵，儘管這部書所收的文獻並不盡是朱熹晚年之作。故就思想史的史實看，所謂的「朱子晚年定論」是不無疑問的。

然而在心學意義上的道統歷史當中，王陽明並不承認朱熹有接續道統的資格，相反他認為由陸九淵上溯至程明道（一〇三二—一〇八五）進而推至先秦孔孟的儒學傳統，才是儒家心學的道統譜系。至於陽明自己在儒家道統上的地位，其弟子如薛侃（一四八六—一五四五）便已直言陽明之學乃「孟氏之學」，將陽明直接定位在孟子之後，凸顯出陽明心學的重要歷史意義。的確，在陽明看來，孟子之後，道統失傳，在此後的歷史發展中，究竟誰能上承儒學之道統，其判準惟在「心學」而不能是朱熹所謂的「理學」。

要之，陽明對朱熹理學抱持一種自覺的批判意識，以為朱熹所主張的窮盡「一草一木」之理，其結果必引發一個問題：「如何反來誠得自家意？」這構成了陽明的重要問題意識。另一方面，陽明對於陸九淵的心學思想雖有基本肯定，但也有不滿，認為陸學比起周程（周敦頤、程明道）仍有所「不逮」，在學問上不免「粗些」。因此我們說，陽明學並不是陸九淵心學思想的簡單重複。

的確，從歷史上看，王陽明與陸九淵、程明道、孟子之間固然存在重要的承續關係，然而在理論形態上，顯然陽明的心學理論更有超越陸九淵、程明道的一面，在上承孔孟尤其是孟子心學的同時，又有新的理論創發，從而形成以心即理、致良知、知行合一等一套系統觀點為特色的儒家心學理論新高峰。

三、王陽明的身世及《傳習錄》的結構

那麼，《傳習錄》究竟是一部怎樣的經典呢？我們先從人物介紹說起，進而對《傳習錄》的結構略作解說。

王陽明名守仁，字伯安，別號陽明，浙江紹興府餘姚縣（今浙江餘姚市）人，

世稱陽明先生。弘治十二年（一四九九）進士，歷刑部主事等職，官至南京兵部尚書、都察院左都御史。嘉靖六年（一五二七）九月，陽明起復出征廣西，次年十一月二十九日（一五二九年一月九日）卒於歸途中的江西南安（今大余縣），故《傳習錄》的記錄實止於嘉靖六年九月。嘉靖初，因平亂有功而被封為新建伯，隆慶元年（一五六七）追贈新建侯，諡文成，萬曆十二年（一五八三）從祀孔廟。

王陽明的著作有《王文成公全書》三十八卷，今存隆慶六年（一五七二）謝廷傑刻本，後被《四部叢刊》初編所收，現在通行的標點本《（新編本）王陽明全集》六冊即以此為底本。《全書》開首三卷即《傳習錄》，分為上、中、下三卷。

從書名看，「傳習」兩字取自《論語》「傳不習乎」一語，按朱熹的解釋，「傳」謂「受之於師」，「習」謂「熟之於己」，大意是說，師生傳授學問。其實**《傳習錄》乃是陽明與其弟子之間的對話記錄，是陽明與其弟子在長達十餘年期間，就儒學等各種思想問題進行對話的「實錄」，大多出自其弟子之手，顯示出陽明與其弟子的思想互動**。在文獻學上，這類文本又被稱為「語錄體」，乃是儒學史上常見的著述形式，例如《論語》及《朱子語類》便分別是孔子及朱熹與其弟子的對話錄。

《傳習錄》上、中、下三卷分別代表《傳習錄》成書的三個時期，上卷刊刻於正德十三年（一五一八）八月，中卷刊刻於嘉靖三年（一五二四）十月，下卷刊刻於嘉靖三十五年（一五五六）四月。按照陳榮捷《王陽明傳習錄詳注集評》（下稱《集評》）的條目統計，上卷共一百二十九條，其中徐愛錄十四條，陸澄錄八十條，薛侃錄三十五條。徐愛（一四八七—一五一七）為陽明弟子及其妹婿，正德七年（一五一二）底，陽明與徐愛由南京同舟歸越，途中論學不輟，上卷十四條之記當始自是年，其中有關「心即理」「知行合一」的問題探討是其重點。陸澄（生卒不詳）及薛侃（一四八六—一五四五）的記錄則反映了正德九年（一五一四）至正德十三年（一五一八）之間的陽明思想。

《傳習錄》中卷是陽明弟子、紹興府知府南大吉（一四八七—一五四一）在上卷的基礎上，新增九篇（《全書》本稱八篇）陽明給門生或友人的書信，與上卷合併於嘉靖三年刻行，又稱「續刻傳習錄」以別於正德十三年的「初刻傳習錄」，只是《全書》本的《傳習錄》中卷後經陽明另一大弟子錢德洪（一四九六—一五七四）的增刪，已非南本舊貌，彼此間頗有出入，並新增〈示弟立志說〉〈訓蒙大意〉兩篇附於末。王陽明曾親見這部「續刻傳習錄」，並且表示該書的出版對於「共明此學於天下」將會起到一定之助益，這表明陽明自己是很看重這部書的，儘管他未看到下卷的出版。

《傳習錄》下卷共收一百四十二條，記錄者有陳九川、黃直、黃修易、黃省曾、黃以方等陽明弟子，記錄的時間大致在正德十四年（一五一九）至嘉靖六年

（一五二七）之間。該本內容主要反映了陽明晚年的思想觀點，特別是「致良知」「萬物一體」以及逝世前一年提出的「四句教」最為著名。

將上述三卷合併，收入《王文成公全書》之際，又將王陽明撰於正德年間的《朱子晚年定論》（刊刻於正德十三年）附於卷下之末，這是今天所能看到的《傳習錄》全本，至此《傳習錄》的結構最終形成。

總之，《傳習錄》一書共由三百四十二條組成（取陳榮捷《集評》之說），大致反映了陽明三十七歲「龍場悟道」之後的思想成熟期——即四十一歲至五十六歲之間的思想觀點，其中四十九歲那年（一五二〇）陽明揭示的「致良知」說，則是陽明晚年思想的一個標誌。

佛經

《心經》導讀

空而不空的人生大智慧

倫敦大學亞非學院佛學博士、
南京大學教授
淨因法師

《心經》的全稱是《般若波羅蜜多心經》，簡稱《般若心經》，全篇以二百六十字簡明地概括了大乘般若經的核心內容，高度濃縮了大乘般若思想的精華與心要，含攝了佛陀「空」觀智慧的精髓，所以被稱為《心經》，是篇幅最小、內涵最豐富、意蘊最深、流傳最廣、被人持誦講解最多的大乘經典，更被儒、釋、道三教共尊為寶典，對宗教、社會大眾乃至中國文化影響至深。在宗教修持方面，《心經》是佛門弟子每天必誦的功課之一，可見該經對學佛者的重要性與影響；在當今文化藝術領域，《心經》被一字不動地譜成流行歌曲，空靈聖潔的天籟之音，傳入千家萬戶，成為港澳臺最具吸引力的流行歌曲之一，可見該經在現代社會中仍然具有巨大的影響；在書法藝術方面，東晉王羲之、唐歐陽詢和張旭、宋蘇東坡、元趙孟頫、明董其昌、清劉墉和乾隆、民國的弘一和于右任、現代趙樸初和饒宗頤等無數書法名家皆選擇《心經》進行書法創作，留下墨寶，可見《心經》在歷代文人雅士心中的份量；在古典文獻探究方面，錢鍾書先生把《心經》看成是佛經中第一要經，是每位傳統文化愛好者必讀的經典。

一、《心經》的版本與注疏

自三國以來，《心經》先後共有二十多個譯本，其中最具代表性的十八種譯本收集在方廣錩先生所編的《般若心經譯注集成》中，而保存在《大正新修大藏經》中的譯本有七個（見表一）。其中以唐代玄奘三藏法師的譯本流傳最廣，為本導讀（指中華書局（香港）有限公司出版的「新視野中華經典文庫」之《心經・金剛經》之《心經》導讀）所採用。

另外《心經》還有梵文、藏文、蒙古文、滿文、西夏文、英文、德文和日文等譯本存世。至於本經注疏，自古以來更是多達百餘家，流行至今的仍超過八十種，收集在《卍續藏》中的注疏也多達五十九種，現代許多大德、學者都講過《心經》，其魅力與日俱增，是當今中國人不可不讀的一部安心寶典。

表一：《大正藏》中《心經》的七個譯本

經名	譯者
《摩訶般若波羅蜜大明咒經》	姚秦・鳩摩羅什
《般若波羅蜜多心經》	唐・玄奘
《普遍智藏般若波羅蜜多心經》	唐・摩竭提三藏法月
《般若波羅蜜多心經》	唐・般若共利言等
《般若波羅蜜多心經》	唐・智慧輪
《佛說聖佛母般若波羅蜜多經》	宋・施護
《般若波羅蜜多心經》（敦煌石室本）	法成

二、《心經》的基本內容

自古以來，《心經》被人們看成是最難懂的佛典之一，經中佛陀所講的「空」觀智慧，更是抽象而深奧，難解難信。《心經》從人空、法空、空無所得、空而不空四方面闡釋般若「空」慧，引導人們悟入空、有不二的中道實相，從根本上破除人們的一切執著，以安眾人之心。

（一）人空

在《心經》中，佛陀運用分析法，從如下四方面引導人們了知「無我」的道理，了知生命的本質。1「觀自在菩薩，行深般若波羅蜜多時，照見五蘊皆空，度一切苦厄。」佛陀在《心經》一開始便明確告誡人們，人生的一切苦厄皆源自「我執」。佛陀運用五蘊（五蘊是指構成我們身心的五種要素——色、受、想、行、識）皆空的理論，對生命當下的存在進行理性的觀察和分析後，得知人是由物質現象（色）和精神現象（受、想、行、識）組合而成，是眾緣假合之身，根本無法找出一個永恆不變的「我」，因而我即是空，以此來破除我執，達到解除眾生苦難的目的。2佛陀運用十二處、十八界（眼、耳、鼻、舌、身、意為六根，色、聲、香、味、觸、法為六塵，眼識、耳識、鼻識、舌識、身識、意識為六識。六根和六塵為十二處，六根、六塵和六識為十八界）的教義，從人們認識世界的過程來分析生命的現象：只有當被認知對象（外部世界，統稱六塵）與知覺器官（統稱六根）和認知能力（意識，統稱六識）三者相接觸時，人類認識事物的過程才能完成。換而言之，從認知的主體——人，乃至被認知的對象——宇宙萬有，都是由種種元素和合而成，沒有一件事物是固定不變的，包括人本身，故說無我。3 佛陀接着運用十二因緣（無明、行、識、名色、六入、觸、受、愛、取、有、生、老死）的教義，從生命現象的延續性來分析人生的本質。人生苦難的根源是過去世的業力（無明、行），引發現世的苦果（識、名色、六入、觸、受）；而現在的所作所為（愛、取、有），又是產生未來苦果（生、老死）的因。人生就是在這種因果循環中使得生命得以延續，故說「無我」。4 最後，佛陀通過對四聖諦（苦、集、滅、道）的分析，從因果關係來分析人生痛苦之因是貪、嗔、痴等不健康的思維，而人生成功幸福之因是一個人的正確行為、清淨語言、健康思維和正確的生活方式，無須依靠超自然的力量。換而言之，生命不是一個永恆不變的實體，而是如同奔流不息的河流，在因果循環規律之下無限延續，故說「無我」。這是《心經》中悟空的第一層含意。

（二） 法空

為了幫助人們除去「我執」，獲得無我時「看透放下」的人生，佛陀講解了各種各樣的法門（如五蘊、十二處、十八界、十二因緣和四聖諦等），義理精妙，極為有效。不少人在去除我執之後，又執著於佛陀所說的法為實有，是放之於四海而皆準的真理。這又成了另一種執著——法執，擾亂了人們的心智，佛教稱之為「所知障」，同樣是煩惱的根源。《心經》以一個「無」字提醒人們，破除我執時所運用的種種法門，如同幫助人渡河的木筏，我執一旦去除，人們由煩惱的此岸抵達解脫的彼岸，就不應再執著於所使用的法（見表二），如此才能真正達到無牽無掛的境界。破除對理論、觀點和見解的法執，這是《心經》中悟空的第二層含意。

表二：破除法執

《心經》相關經文	所破除的法執	破我執的特色
（1）是故空中無色，無受想行識	（1）「五蘊」空	從生命當下存在的組合來分析人的存在
（2）無眼耳鼻舌身意，無色聲香味觸法 （3）無眼界，乃至無意識界	（2）「十二處」空 （3）「十八界」空	從人們認識世界的過程來分析生命的現象
（4）無無明，亦無無明盡，乃至無老死，亦無老死盡	（4）「十二因緣」空	從生命現象的延續性來分析人的存在
（5）無苦集滅道	（5）「四諦」空	從因果關係來分析生命苦樂的現象

（三）空無所得

一位年青人問禪師：「什麼是中道實相？」禪師要求他把眼睛蒙起來，行走在一條小道上，道路兩邊都是水溝。當禪師看到這位年青人偏離正道，快要掉進左邊的水溝時，及時提醒這位年青人：「向右。」一會兒這位年青人又偏離正道，快要掉進右邊的水溝時，禪師及時地提醒他：「向左。」老禪師就這樣一會兒教他向左，一兒會教他向右……最後這位年青人終於不耐煩地問：「你到底要我向左，還是向右行？」老禪師笑呵呵地說：「向左向右並不重要，最重要的是我要你回到正道上來。」年青人恍然大悟，明白了什麼是真正的中道實相。

《中觀》說：「大乘說空法，為離諸見故，若復見於空，諸佛所不化。」眾生執「有」時，佛陀說「空」；眾生執「空」時，佛陀說「有」。「空」和「有」皆是除病的藥方，藥到病除後，則應捨藥方；同理，般若智慧如同治病的藥方，根治「空」、「有」等概念名相的執著，尤其是執著「空」為實有（即空見），一旦能進入「空也空」的境界，邪見已除，般若智慧便完成其任務，理應放下，故說「無智」。更重要的是，所謂阿羅漢、菩薩等果位僅僅是悟空的過程，如同我們接受教育時所得的不同文憑，看似有所得，其實僅僅是一個人修道過程中智慧開發到某一程度的方便說詞，並沒有一個真實的阿羅漢、菩薩果供我們去獲得，故說「無得」。去掉得失心，才能真正心無罣礙。連空的概念也應空去，「空無所得」，是《心經》中悟空的第三層含意。

（四） 空而不空

一提起「空」，人們自然聯想起「零」，即「什麼也沒有」。然而，如果我們在100後加一個「0」，那麼加上的這個「0」就代表900。顯然，「零」並不一定代表什麼都沒有。有趣的是，這個「零」字的印度原文就是「空」字，「空」就是「零」。古人也曾說過，「萬物生於有，有生於無，無就是零。」換而言之，「空」並不一定是「有」的對立面，更不是一無所有。《心經》最後一部分所闡述的是如何做到理論與實踐相結合，知行合一，體悟「空」觀智慧的妙用，將之運用到現實人生中，以因緣變化的觀點看待人、事、物，就能克服、超越一切苦惱和困厄，達到「心無罣礙」的最高精神境界，安心而自在地普度眾生，這是《心經》中悟空的第四層含意。

《心經》層層深入，徹底破除「我執」「法執」「空執」，悟入「空有不二」的中道實相，以般若智慧看「空」自我、宇宙萬有，擺脫束縛身心靈的一切執著與束縛，獲得徹底的精神解脫，達到「治心」的目的，「無所住而生其心」，「心無罣礙」地服務大眾，這是《心經》的核心內容。

三、《心經》的現代意義與普世價值

《西遊記》中的唐僧，西行取經路上，步步有災，處處有難，性命危在旦夕，幸得神通廣大的孫悟空保護，歷時十七年，經過九九八十一難，終於從佛祖的家鄉——天竺，取得真經。人們公認孫悟空是一個神通廣大的精靈，因有七十二種變化和一個筋斗能飛十萬八千里的本領，上天堂、入地獄，來去自如，手持如意金箍棒，配上一雙火眼金睛，除妖懲惡，隨心所欲，無所不能。那麼，孫悟空的「法力」來自何處？答案就在他的名字「悟空」中。宋代禪宗大師青原行思以參禪的三重境界來闡釋悟空的三個層面：第一，參禪之初，看山是山，看水是水；第二，禪有悟時，看山不是山，看水不是水；第三，大徹大悟時，看山仍然是山，看水仍然是水。山水依然，但隨悟道者「有我」「無我」和「忘我」之深入，對客觀世界的認識也隨之而改變，最終獲得心無罣礙的人生。

「有我」時「患得患失」的人生

《西遊記》的靈魂人物孫悟空因神通廣大而心高氣傲，自我無限膨脹，一鬧龍宮，二鬧地府，三鬧天宮，最終被如來佛祖壓在五行山下五百多年。《心經》指出，修行之前，世人和孫悟空一樣，誤以為「我」為實有，世間的名、利、美貌等都是真實不虛的，「看山是山，看水是水」，處處執著；有執著，便有罣礙；有罣礙，便會患得患失，不安、恐怖之心隨之而起：放不下對自己不公平的人和事，憎恨心生起，使人活在不平、痛苦與挫折感中；放不下自己的失誤、失敗，悔恨心生起，令人活在陰影中；放不下自己的成功與榮耀，貢高我慢之心冒起，使人在自滿中逐漸衰退；放不下自己喜愛的東西，貪愛之心生起，於是便想方設法，甚至不擇手段、損人利己、爾虞我詐去得到或保衛自己喜歡的東西，從而引起家庭、公司、社會間的種種糾紛與衝突，使得人間到處充滿險惡、紛爭和不平，使得身處其中的人煩惱重重、痛苦不堪；放不下自己的意見、觀點、主張和理論，固執己見之心生起，讓那些居心叵測之徒有機可乘，以各種藉口挑起爭端，使無數無辜的生命受到傷害！這些苦難，正是《心經》所要解決的問題，即「度一切苦厄」。

「無我」時「看透放下」的人生

在一般人看來，《西遊記》中的唐僧是位標準的無用好人，但他有一樣本領，只要念觀音菩薩密授的緊箍咒，神通廣大的孫悟空便隨聲倒地，頭痛欲裂，不得不跪地求饒。緊箍咒為何有如此大的威力？它的內容到底是什麼？據史料記載，一天玄奘法師在取經途中，看到一個身患傳染病的老者，長了一身癩，正在呻吟，他停下來照顧這位病人。病人為了感謝他，就送他一本梵文的《心經》。從此之後，玄奘大師路上一遇到困難，就念《心經》，一路消災免難。由此我們不難推斷，緊箍咒的內容其實就是《心經》的核心要義——悟空。

《金剛經》云：「一切有為法，如夢幻泡影，如露亦如電，應作如是觀。」這首偈語告訴人們，人生如夢，苦樂如泡影，成敗如朝露，榮華富貴如浮雲，名利如鏡花水月，宇宙間萬事萬物瞬息變幻，無時無刻不在改化。若能領悟到一切萬法的本質都是空無自性，執無可執，看自我、苦樂、名利、美色時便能達到「看山不是山，看水不是水」的境界，獲得看透放下、瀟灑自在的人生。

忘我時「心無罣礙」的人生

《心經》以「空」來破除人們對自我、身外之物和各種理論的執著，然而佛陀說「空」之本意，不是否定宇宙萬有的存在，不是「虛無主義」，而是為了破除人們的執著。換而言之，「忘我」不是否定自我的存在，而是領悟自、他不二的關係，就能擺正自己與他人之間的關係。如同把自己看成是一塊鹽，放入水中後，「鹽」不是沒有了，而是融於水中；同理，一個人若能將自己融於大眾，便能領悟自、他不二之妙用，泯除人我的對立。如此人們便不再執著於是非人我，不再執著於自己的觀點、見解，超越相對、相待、差別相，入不二法門，以隨緣的心態去做有益之事，山依然是山，水依然是水，只是山水的形色早已了然於心。

《金剛經》導讀

無住生心

倫敦大學亞非學院佛學博士、
南京大學教授
淨因法師

敦煌莫高窟發現的《金剛經》，是迄今所知世界上最早的有明確刊印日期的印刷品，印刷於唐咸通九年（八六八）。一九〇七年被英國人斯坦因盜取，曾藏於英國倫敦大英博物館，現藏於大英圖書館。《金剛經》為當今世界上最為人熟知的大乘般若經典之一。自古以來，有人愛其文字之優美，而去讀誦；有人喜其哲理豐富，而進行研讀；至於那些禪修者，更視《金剛經》為修心的指南、開悟的鑰匙，六祖惠能就是因為聽到這部經中「應無所住而生其心」一句而開悟；宋代，出家人的考試，有《金剛經》一科；明代，明太祖朱元璋把《金剛經》列為「治心三經」[1]之一，《金剛經》的治心功能廣為人們所接受；而民間一般信徒也不甘落後，他們以讀誦《金剛經》為日常功課，並從中得到靈感、保祐。《金剛經》因而成為一部家喻戶曉的佛教寶典。

一、《金剛經》的版本與注疏

道安在〈鼻奈耶序〉中說，「經流秦地，有自來矣……以斯邦人莊老教行，與方等經兼忘相似，故因風易行也。」（T24.851a11-14，此為引用經卷序列號。T代表《大

1 另外兩部經是《心經》和《楞伽經》。

正新修大藏經》，X代表《卍新纂續藏經》。下同）道安描述了佛教在東漢末年傳入中國時的情形。小乘禪法和大乘般若經典，是中國最初的一批漢譯佛典。隨着時間的流逝，小乘禪法逐漸衰微，而大乘般若思想最終成為中國佛教的主流思想，原因固然很多，般若思想依附玄學得以廣泛傳播，則是其關鍵的借力點。魏晉時期，玄學盛行。般若學者以般若經教去比附玄學，用老莊的概念闡釋般若思想，外來的般若學說因而與玄學思潮交匯在一起，在玄學者與般若學者的互相吸收和質難中而廣為流播，形成了般若學研究浪潮，出現般若學弘揚史上的輝煌時期。這可從般若系思想最重要的經典——《金剛經》翻譯得到佐證。從晉朝的羅什三藏法師到唐朝的義淨三藏法師，短短三百年之間，這部經在中國出現了六種譯本（見表一），其中鳩摩羅什於弘始四年（四〇二）譯出的《金剛般若波羅蜜經》，語言簡練、流暢，內容忠實程度高，成為最流行的版本，為本導讀（指中華書局（香港）有限公司出版的「新視野中華經典文庫」之《心經．金剛經》之《金剛經》導讀）所採用。

表一：《金剛經》主要譯本

朝代	譯者	經名	出處
姚秦（四〇二）	鳩摩羅什	《金剛般若波羅蜜經》	T8.748c-752c
北魏	菩提流支	《金剛般若波羅蜜經》	T8.752c13-757a T8.757a25-761c
南朝	真諦	《金剛般若波羅蜜經》	T8.762a-766b
隋	達摩笈多	《金剛能斷般若波羅蜜經》	T8.766c-771c
唐	玄奘	《能斷金剛般若波羅蜜多經》	T7.980a-985c
唐（七〇二）	義淨	《佛說能斷金剛般若波羅蜜多經》	T8.771c-775b

另外，《金剛經》有藏文、滿文譯本等，和闐、粟特等文字的譯本也在中國吐魯番等地出土，而原始的《金剛經》梵文本在中國、日本、巴基斯坦、中亞等地都有發現，此經傳入西方後曾被譯成多種文字。一八三七年修彌篤根據藏譯首次譯成德

文，一八八一年F．馬克斯．繆勒將漢文、日文及藏文譯本加以校訂，譯成英文，收入《東方聖書》第四十九卷。一九五七年愛德華．康芝又再次譯成英文，收入《羅馬東方叢書》第八卷。達爾杜根根據梵文並對照中國滿文譯本，譯為法文。日本宇井伯壽、中村元等曾多次譯成日文。

《金剛經》一問世，在印度就受到了廣泛的重視，無數佛學大家為之作注疏，其中以無著的《金剛般若論》（T25.757a-766a28）、天親的《金剛般若波羅蜜經論》（T25.781b-797a）、施功德的《金剛般若波羅蜜經破取著不壞假名論》（T25.887a-897b），尤為精到。中國從東晉、隋唐、元明清，各家為《金剛經》作注疏者不下數百家，收於《卍續藏經》就有四十三種，其中僧肇的《金剛經注》（X24.95a14-405b03）、智顗《金剛般若經疏》（T33.75a-84a）、釋德清《金剛決疑》（X25.57a08-70c19），各具精義。

進入近現代後，對《金剛經》的講解、譯注、導讀更是不計其數。其中印順的分科、江味農的考據、德林的禪解尤有特色。也許是《金剛經》在義理上本已深奧難明，層次上又錯綜複雜，而現有對該經的導讀、講義，有的因分科太細，令人迷失；有的因注解、考據太繁瑣，令人無所適從；有的因望文解義，使人難以對該經的宗旨有一個整體的把握。有鑒於此，我們試圖從現代人的思維模式出發，以深入淺出的手法，解讀該經，期盼讀者對《金剛經》的般若妙理有所了解。

二、《金剛經》的基本內容

多年來，弟子們跟隨佛陀學習「十二緣起」，了知無明是生死的根本；學習「四聖諦」，了知離苦的方法；學習「五蘊皆空」，了知「無我」的道理。弟子們重在追求自身的解脫，獲得自在快樂的人生。佛陀還進一步闡釋空有不二的般若法門，破除我執、法執、空執，以便引導弟子們發起救度苦難眾生之心（即發菩提心），走上成佛的大道。弟子們初次接觸般若法門，生起無數疑惑：若無我，到底誰在修行？誰去證聖果？若無佛，天天向大眾講法的又是誰？拜佛何用？若無法，三藏十二部的經文又是什麼？若無福德，修善何用？發菩提心，廣度眾生，才能成佛。然而，苦難眾生太多，有的極其難度，何時才能度盡？弟子們時刻被這些問題所困擾，無法安心修行。佛陀以般若正觀的思辨模式講解《金剛經》，化解弟子們心中的疑慮。

般若正觀的思辨模式有別於唯物辯證法，我們可從趙樸初與毛澤東的一段對話中略窺一斑。一九五八年六月三十日，趙樸初陪同毛澤東主席會見外賓前，主席問：「你們佛教有沒有這麼一個公式啊：趙樸初即非趙樸初，是名趙樸初？」趙樸初答道：「是有這麼個公式。」主席說：「這就很奇怪了，首先是肯定後來又否定，先肯定後否定。」趙樸初答道：「不是先肯定後否定，而是同時肯定，同時否定。」話說到這裏，外賓到了，對話被迫中斷。

趙樸初在《詩歌及其與佛教關係漫談》一書中如實地記錄了以上對話，表明毛澤東熟讀《金剛經》後，試圖從否定之否定規律來解理「佛說XX」、「即非XX」、「是名XX」這一《金剛經》典型的「般若正觀之思辨模式」時，覺得妙則妙矣，似乎言猶未盡，故有此一問。因為唯物辯證法認為，一切事物都是對立、統一的矛盾集合體（肯定），矛盾的雙方相互作用而引發事物的變化，從量變到質變（否定），而有新生事物的出現（否定之否定）。很顯然，否定之否定規律強調的是事物的自我否定，即在否定「舊」的趙樸初的基礎之上，承認有一個真實存在的「新」趙樸初。而《金剛經》中「XX者，即非XX，是名XX」的般若正觀之思辨模式，與以上否定之否定思辨模式略有不同，可以簡單概括為「現象→非本體→是實相」。（見表二）

表二：般若正觀的思辨模式

種類	思辨模式	注
辨證邏輯	正→反→合	正面，反面，正、反合說
雙遣否定法	肯定→否定→肯定	是→不是→才是
緣起性空的思辨模式	假有→非有→真有	真空妙有
中道實相的思辨模式	有→空→中道	現象→非本體→是實相

《金剛經》中最典型的句子有：「如來說微塵，即非微塵，是名微塵。」「如來說世界，即非世界，是名世界。」「如來說一合相，即非一合相，是名一合相。」「佛說般若波羅蜜，即非般若波羅蜜，是名般若波羅蜜。」「所言善法者，如來說即非善法，是名善法。」「所言一切法者，即非一切法，是名一切法。」「說法者，無法可說，是名說法。」「如來說三十二相，即非三十二相，是名三十二相。」「眾生，眾生者，如來說非眾生，是名眾生。」

我們用最後一句對般若正觀的思辨模式稍作詮釋。當物質元素（色）和精神元素（受、想、行、識）和合在一起時，眾生相便顯現出來，這就是人們熟悉的眾生相概念（眾生者）；眾緣和合的眾生相，沒有固定不變的實體，是假有，所以「如來說非眾生」；如同無常性的水一樣，在特定的條件下有如下不同的表現形態：雨、雪、霜、霧、冰、波浪、水蒸氣……同理，正因為眾生無定性，才會如同水一樣，依據各自的業力，輪迴於六道，一旦被教化，精進努力，由凡夫轉變成聲聞、緣覺、菩薩，最終大徹大悟，成佛作祖。正如《華嚴經》云：「心、佛、眾生，三無差別。」如此理解，才算真正了解眾生相的本義（是名眾生）。

由以上分析可知，《金剛經》中「XX者，即非XX，是名XX」的般若正觀之思辨模式是：以自性「空」提醒人們不應執著於緣起的「有」，有而非有；以緣起的「有」說明自性的「空」，空而不空，空有不二，無住生心，從而建立起中道正觀。正如《中論》云，**「因緣所生法，我說即是空，亦為是假名，亦是中道義。」這就是般若正觀之思辨模式，是進入《金剛經》般若法門的金鑰匙。**

在《金剛經》第一部分（〈法會因由分第一〉——〈能淨業障分第十六〉）中，佛陀以般若正觀之思辨模式透視現象世界萬有以及化法、化處、化主等名言概念，皆因緣所生，虛幻不實，因而得出「凡所有相，皆是虛妄」的結論（即非XX）。一個人若能「於相離相」，妄執的心便能得到降伏。正如《六祖壇經》云，「善知識！外離一切相，名為無相。能離於相，則法體清淨。」

《金剛經》第二部分（〈究竟無我分第十七〉──〈福智無比分第二十四〉）在「外離一切相」的基礎之上，從心入手，破除世人對「能得」「所得」的執著心。如同對一個學生來說，通過努力學習，獲得了好的成績，自然會生起我能得到好成績的「能得」與「所得」之心。同樣，菩薩在修道的過程中自然會得法、證果、度眾，並能召感好的果報。然而，若有人因此而認為菩薩的「能得」為實有，心便會住於「能得」的執著中，成為修道的障礙。因此，《金剛經．究竟無我分第十七》從得法不住、得果不住、度眾不住、依報不住四方面說明菩薩在修道的過程中雖能得，心卻不住於「能得」。與此同時，菩薩修成正果後，確有所得，如所觀的妙智、所得的福德、所感的報身、所悟的妙法、所度的眾生、所證的果位和所修的善法。若有人因此而認為諸佛菩薩的「所得」為實有，心便住於「所得」的執著中，是修道的另一種障礙。《金剛經》自〈一體同觀分第十八〉到〈淨心行善分第二十三〉，從如下七方面說明佛陀雖有所得，但心不住於「所得」：正報非真，隨緣度眾；無福之福，其福甚大；相無定相，身相具足；無說而說，法音遍滿；度無可度，自性自度；得無可得，無上菩提；作無可作，無上善法。無論是「能得」，還是「所得」，皆隨因緣而變化，並無一個固定不變的「能得」「所得」（即非ＸＸ），因而說能而不能，不能而能；得而不得，不得而得，能、所不住，於念離念，內心便不會受身外之物的污染。正如《六祖壇經》云，「若見一切法，心不染著，是為無念。」

外界的現象與名相、內心的能得與所得被破除後（非有），有些弟子執著於無我相、無人相、無眾生相、無壽者相、無福德、無佛、無法等說空的名相為真實不虛的妙理，墮入斷滅空。針對這種不正確的知見，佛陀在《金剛經》第三部分（〈化無所化分第二十五〉—〈知見不生分第三十一〉）以「無所住而生其心」破除弟子們的迷執，破邪即是顯正，樹立正知正見：「離相」並非「斷滅」，否定萬物的存在以及名相的功能，而是如實了知世間一切現象的緣起存在（非空）；不執著於能得、所得，並非否定能得、所得，而是於相「不取」「不住」，悟入離於空、有二邊的中道實相（是名XX），這才是認識世間一切現象的正確知見，「無住生心」，以便更好地幫助苦難眾生。

三、《金剛經》的現代意義與普世價值

修福不修慧，象身掛瓔珞；
修慧不修福，羅漢托空缽。
——《龍舒增廣淨土文》

這首偈頌源於兄弟倆不同的修行。哥哥每天精進持戒，打坐參禪，無心隨眾勞動、佈施；而弟弟則是勤勞工作，佈施濟眾，廣修福德，卻無心聞法參禪。後來哥哥去世後轉世為佛陀的弟子，修得了羅漢道，而弟弟卻投生到大象羣中，因在戰爭中立下功勞，被封為象王，金銀珠寶裝飾全身，過着舒適奢華的生活。而修成羅漢的哥哥活得十分辛苦。一次國內饑荒，衣衫襤褸的哥哥，托鉢七日，都是空鉢而回。當飢寒交迫的羅漢哥哥看到富貴無比的大象弟弟時，無限感慨地說出以上偈頌。福慧雙修，是《金剛經》的心要，對當今世人仍具有很大的現實意義。

人生的幸福，事業的成功，都離不開福慧雙修。現實生活中有不少懷才不遇的人，聰明能幹，但為人過於精明而不肯吃虧，修慧不修福，善緣難具足，做起事來往往無人相助，障礙重重。修福的方法很多，及時施出一個微笑、一種關懷，或助他人一臂之力，都是修福的範疇。而在眾多修福中，以佈施財物最直接、最具有代表性。所以《金剛經》常以「滿三千大千世界七寶以用布施」來形容福德之大，「若人滿三千大千世界，七寶以用布施，是人所得福德寧為多不？須菩提言：甚多世尊。」（T8.749b19-20）一個人若能用一顆無私、真誠、隨喜的心廣結善緣，做對社會大眾有利之事，利益無量眾生，自然可獲得無限的善果，無論你做何事，都有人相助，無論你走到哪裏，也都有人照應。這一切都是自己種善因而得來的福德果報。《佛

說阿彌陀佛經》中也把修福德看成是往生極樂國土的必要條件，「不可以少善根、福德、因緣得生彼國。」（T12.347b10）

從另一方面講，修福不修慧，福中也造罪。生活中有一些含着金湯匙出世的人，生來福報就很大，但因從小嬌生慣養、不思上進，恣意縱情地揮霍祖上掙來的家業。這些人遲早都會使自己陷入困境，落得個敗家子的名聲。這都是有福無慧的惡果。正因為如此，佛陀在《金剛經》中特別強調智慧的重要性，「若有人以滿無量阿僧祇世界七寶，持用布施；若有善男子、善女人，發菩提心者，持於此經，乃至四句偈等，受持、讀誦，為人演說，其福勝彼。」（T8.752b24-27）接着**《金剛經》以如下偈頌對佛陀的智慧作總結，「一切有為法，如夢幻泡影，如露亦如電，應作如是觀。」這首偈語告訴我們，人生如夢，苦樂如泡影，成敗如朝露，榮華富貴如浮雲，名利如鏡花水月，宇宙間萬事萬物瞬息變幻，無時無刻不在變化。一個人若能領悟到一切萬法的本質皆緣生緣滅，看透自我、苦樂、名利、美色等世間萬物之心便會生起，這樣就能逐漸明白凡事不必過於執著，應以隨緣的心態做事：順境時珍惜眼前所有，以良好的機緣去成就事業，活出幸福的人生；逆境時，則坦然地去面對、承受、化解人生中的各種困苦，笑對人生，活得輕鬆、自在。**如此，無論順逆境，一個人都能坦然面對世間的悲歡離合、炎涼冷熱，超越成敗、榮辱和得失，甚至是生死。

「福德」與「智慧」猶如鳥之雙翼、車之雙輪，缺一不可。外修福以利他，內修慧以自利，福慧雙修，方能修得「萬德莊嚴、智慧如海」的圓滿佛果。同樣，日常生活中，只要我們福慧雙修，以此來莊嚴我們的人生，事業必有所成，人生必有坦途。

《佛說阿彌陀經》導讀

有信念的地方就有奇跡存在

倫敦大學亞非學院佛學博士、
南京大學教授
淨因法師

第一次參加家長會，幼稚園的老師如實告知一位學生的母親：「你的兒子表現很差。」痛心不安的母親卻強裝開心地對兒子說：「老師表揚你了，因為你是全班最有進步的寶寶。」上小學時，老師又對這位母親說：「這次數學考試，你兒子成績全班倒數第二名。我們懷疑他智力上有障礙。」心酸焦慮的母親卻對兒子說：「老師說你並不是個笨孩子，只要努力，一定會進步。」說這話時，她發現，兒子暗淡的眼神一下子亮了。孩子上了初中，老師有些憂慮地說：「按你兒子現在的成績，考重點高中有點危險。」這位母親懷着驚喜的心情走出校門口，非常開心地對兒子說：「班主任對你非常滿意，他說了，只要你努力，很有希望考上重點高中。」

高中畢業了，兒子把一封印有清華大學招生辦公室的特快專遞交到媽媽的手裏，突然轉身跑到自己房間大哭起來，他邊哭邊說：「媽媽，我一直都知道我不是個聰明的孩子，是您……」是的，母親相信兒子，兒子相信母親，是信心創造了奇跡！

信則有，不信則無。信與不信，都是一種潛意識，而信的意識就像是通靈的鑰匙，能打開成功之門。西方極樂世界又何嘗不是如此，信則往生，不信則一無所獲。《佛說阿彌陀經》就是幫助人們建立信心，打開西方極樂世界的大門。

一、《佛說阿彌陀經》的版本與注疏

該經全稱為《稱讚不可思議功德一切諸佛所護念經》，有三種漢譯本（見下表）：玄奘將之簡化為《稱讚淨土佛攝受經》，力求準確直白，確保原來面目；求那跋陀羅將之譯為《佛說小無量壽經》，表明該經內容大致與《佛說無量壽經》相同，只是內容比較簡潔；鳩摩羅什則譯為《佛說阿彌陀經》，以阿彌陀名號為本經之題，直指持名念佛、往生極樂之要旨。在三種漢譯本中，鳩摩羅什譯本精要流暢，流通最廣，為本書（指中華書局（香港）有限公司出版的「新視野中華經典文庫」之《淨土三經》）所採用。

《佛說阿彌陀經》三種漢譯本

譯經年代	譯者	經名	出處與注釋
姚秦	鳩摩羅什（三四四—四一三）	《佛說阿彌陀經》	T12.346b28-348b18
劉宋	求那跋陀羅（三九四—四六八）	《佛說小無量壽經》	已失傳
唐	玄奘（六〇二—六六四）	《稱讚淨土佛攝受經》	T12.348b25-351b19

近代因牛津大學刊行梵本《佛説阿彌陀經》，日本遂掀起研究之熱潮，如藤波一如著有《和英支鮮四國語譯梵文阿彌陀經》、荻原雲來著有《梵藏和英合璧淨土三部經》[1]，及木村秀雄著有《小阿彌陀經》。西夏譯本收藏在俄羅斯科學院東方文獻研究所[2]，而藏文版《聖大乘樂有莊嚴經》譯於八世紀。

古往今來，對該經的注疏極多，最著名的中文本注疏有十三種，以明朝蓮池的《阿彌陀經疏鈔》、幽溪的《阿彌陀經略解圓中鈔》和蕅益的《阿彌陀經要解》最為精要。印光大師評論説，「《彌陀》一經，得此三疏，法無不備，機無不收。」

二、《佛説阿彌陀經》的基本內容

佛陀在舍衞國祇樹給孤獨園講述《阿彌陀經》，大致包含三方面內容：依正妙果以啟信、執持名號以立行和諸佛讚歎勸發願。

1　荻原雲來：《梵藏和英合璧淨土三部經》（《淨土宗全書》），頁一九三—二一二。日本淨土宗典刊行會編纂。

2　孫伯君：《佛説阿彌陀經》的西夏譯本，《西夏研究》，二〇一一年一月，頁二三—三二。

《維摩詰所說經》云：「先以欲鉤牽，後令入佛道。」（T14.550b7）面對功利心重的眾生，**《佛說阿彌陀經》第一部分從「果」入手，向人們描述了極樂淨土依報、正報莊嚴。**「依報」指極樂國土理想的生存環境，物質極大豐富，各取所需，四季如春，氣候宜人，風光旖旎，是人人嚮往的世外桃源；「正報」指我們自身相好光明，身心清淨，言語優雅，壽命無量，令人生起信心，心甘情願地往生到那兒。

《佛說阿彌陀經》第二部分說明往生到西方極樂世界的方法並不複雜，持名念佛即可往生，「善男子，善女人，聞說阿彌陀佛，執持名號，若一日、若二日、若三日、若四日、若五日、若六日、若七日，一心不亂，其人臨命終時，阿彌陀佛與諸聖眾現在其前，是人終時，心不顛倒，即得往生阿彌陀佛極樂國土。」

《佛說阿彌陀經》第三部分描述東、南、西、北、下、上六方世界恆河沙數諸佛，「各於其國，出廣長舌相，遍覆三千大千世界」，讚歎阿彌陀佛以不可思議的功德，成就了西方極樂淨土，為苦惱眾生提供了一個理想的修行環境。眾生沐浴在諸佛菩薩的德化中，「皆為一切諸佛之所護念，皆得不退轉於阿耨多羅三藐三菩提。」所有這一切，都是真實不虛的，以此鼓勵眾生斷疑生信，發願往生到西方極樂國，與無數聖賢共同生活、修行，過着無憂無慮、無爭無染、清淨安康的日子。

最後，佛陀一再提醒大眾，念佛往生淨土是世間最難令人相信的修行法門，「當知我於五濁惡世，行此難事，得阿耨多羅三藐三菩提，為一切世間說此難信之法，是為甚難。」因此，如果有人聽聞阿彌陀佛的名號，讀誦《佛說阿彌陀經》，便能生起往生極樂國土的信心，那麼，此人應該有很大的善根、福德、因緣。

三、《佛說阿彌陀經》的現代意義與普世價值

淨土是禪修者在定中顯現的境界，甚深難測，所以佛陀才無問自說淨土法門，指出獲得這種境界的方法——信、願、行，被稱為淨土法門的三種資糧。「信、願、行」三字看似簡單，卻包含了一個人成功的祕訣。

（一）信——生命定向

《佛說阿彌陀經》云：「從是西方過十萬億佛土，有世界名曰極樂。」「十萬億佛土」是地球到西方極樂世界的距離。兩者之間究竟有多遠呢？玄奘所譯《瑜伽師地論》為我們提供了線索，「如是百拘胝四大洲，百拘胝蘇迷盧，百拘胝六欲天，百拘胝梵世間，三千大千世界，俱成俱壞。即此世界，有其三種：一、小千界，謂千日月，乃至梵世，總攝為一；二、中千界，謂千小千；三、大千

界，謂千中千。合此名為三千大千世界。如是四方上下，無邊無際三千世界，正壞正成；猶如天雨，注如車軸，無間無斷，其水連注，墜諸方分，如是世界，遍諸方分，無邊無際，正壞正成。即此三千大千世界，名一佛土。如來於中，現成正覺；於無邊世界，施作佛事。」（T30.288a15-25）此段引文說明，佛教中的一個小世界相當於現代科學中的一個太陽系大小，約七十九個天文單位。若以一個天文單位為一億五千萬公里計算，太陽系的直徑約為一百二十億公里，也就是佛教中一個小世界的大小。依此推算，則我們離西方極樂世界的距離應是1,200,000,000,000,000,000,000 億公里。

地球離西方極樂世界的距離推算

各種世界	直徑（億公里）
一個小世界（一個日月所照的時空）	120
一千個小世界	120,000（1000×120）
一個中千世界（1000 小千世界）	120,000,000（120,000×1000）
一個大千世界（1000 中千世界） （三千大千世界，名一佛土）	120,000,000,000（120,000,000×1000）
十萬億佛土（離西方極樂世界的距離）	1,200,000,000,000,000,000,000 （120,000,000,000×10,000,000,000,000）

從地球到西方極樂淨土的距離來看，若靠自力，不管我們使用何種現代最先進的交通工具，想在今生今世「登陸」西方極樂淨土，都是不可能成功的，更何況是在交通落後的古代?!人臨終的一剎那，真的能往生到極樂世界嗎？西方極樂世界到底為何物？佛教界內部也一直爭論不休。

自宋代起，諸宗逐漸歸於淨土，解釋淨土的觀點由此層出不窮。唯心淨土的觀點逐漸成為主流；同時，也有不少人堅信，西方極樂世界是阿彌陀佛四十八大願成就的報土。這兩種觀點成為了宋朝以來對西方極樂世界爭論的焦點，一直爭論了上千年，至今仍無結論。爭論不休的原因其實並不複雜，現世求往生西方淨土的人，都沒有到那兒「旅遊」的經歷，所以無法證明它的存在。當然，不信淨土的人也沒有足夠的證據徹底否定它的存在。這就步入到「信仰」的空間。

對大多數中國人來說，「信仰」是一個既熟悉又陌生的詞。熟悉的是，社會主流媒體大聲疾呼：信仰缺失，國人迷失，社會問題層出不窮；陌生的是，信仰的內涵與功能，至今仍是仁者見仁，智者見智。《辭海》（第六版彩圖本）對信仰的解釋是，「對某種宗教或主義極度信服和尊重，並以之為行動的準則。」在這一解釋中，對宗教或主義的信服和尊重之前加了一個定語「極度」，便有貶義的成分，含有「盲信」甚至「迷信」的否定色彩。早在公元前六世紀，佛陀在《佛說阿彌陀經》中感慨萬分，認為讓人產生信仰，真的很難：「舍利弗！當知我於五濁惡世，行此難事，得阿耨多羅三藐三菩提，為一切世間說此難信之法，是為甚難。」（T12.348a24-26）

佛教真的是在「玩」迷信嗎？為了回答這一問題，羅侯羅博士在《佛陀的教誨》一書中同讀者做了一個遊戲：「如果我告訴你，我手掌中藏着一顆寶石，信與不信之類的問題就會產生，因為你無法親眼見到手中是否有寶石；如果我張開手掌，讓你親眼見到這顆寶石，信與不信之類的問題就無從產生。」[3]

同理，離我們十萬億佛土的西方極樂世界，即使用世界上最先進的天文望遠鏡也無法看到，它的奇妙境界非常人可以想像，更不是常人所能了解，唯有「信仰」才能使人們確定自己行動的方向，產生強大的動力，心甘情願地為既定的目標而奮鬥，最終獲得成功。同理，事業的成功，也是由信仰起步。正如《方廣大莊嚴經》說：「佛法大海，唯信能入。」[4] 法國大作家雨果也曾說：「什麼也不信的人不會有幸福。」一個人若沒有信仰，便失去了人生目標，只能盲目地活着，如同漂浮於茫茫大海中的孤舟，找不到駛往人生彼岸的方向；反之，信仰猶如燈塔，為迷茫者指明生命之舟的航向。

3 Rahula W.（1990）*What the Buddha Taught*. P.8. London: WisdomBooks.

4 《方廣大莊嚴經》，T3. 615c28-29。

（二）願——力量的源泉

如果說「信仰」為我們的行動確定方向，那麼，「願力」則是行動的直接推動力。《漢語大字典》：「願，欲也。」佛教的緣起法告訴我們，任何一種慾望的產生，至少需要根、境、識三個條件，三者相觸後，人們便會不自覺地對自己所認識的事物進行判斷，產生三種不同的感受：喜歡、不喜歡或捨受。以吃飯為例，吃美食時，產生喜歡的直觀感覺，五蘊中稱為「受蘊」；飯後，形成了美食的概念，這就是「想蘊」；想起這道菜的美味時，內心生起強烈的衝動，想再吃一次，動手做這道菜的動機便產生了，這就是「行蘊」，與「願力」相通。喜歡的事因而被稱為「願望」或「心願」；打算做自己喜歡的事被稱為「發願」；心甘情願去做自己喜歡的事被稱為「願意」；由此產生的強大精神力量，被稱為「願力」。

「願力」能否變成現實，與發願的動機有緊密的關係。有什麼樣的願力，就會產生相應的行動，並帶來相應的結果。古往今來，對普通人而言，喜歡做的事離不開財、色、名、食、睡，諸佛、菩薩稱之為「地獄五條根」，動機是為了滿足一己之私慾，即使你努力祈求，諸佛、菩薩又怎會助長你通往地獄的貪慾呢？心願難了，也是可想而知的事。古代聖賢則不同，他們以天下為己任，發願拯救苦難眾生，願力大，動力大，成就自然也很大。佛陀懷着「人生的苦難是可以解脫的」信念，立下「不成正覺，誓不起座」的誓言，終於在菩提樹下悟道成佛，於世間說法四十九年，廣度無數眾生；觀世音菩薩堅信與娑婆眾生有特殊的因緣，倒駕慈航，循聲救苦，觀音信仰因而成為整個亞洲人的精神支柱；地藏王菩薩堅信世上「沒有不可教化之人」，立下「眾生度盡，方證菩提；地獄未空，誓不成佛」的宏願，心甘情願到最苦的地方——地獄去救度眾生；玄奘大師正是因為有「求取真經，利益華夏」的信念，才會有「若不至天竺，終不東歸一步，寧可就西而死，豈歸東而生」的決心，義無反顧地穿越「上無飛鳥，下無走獸，復無水草」的大沙漠西行求法；鑒真大師（六八八—七六三）也因「東渡傳播正法」的信念，才會立下「是為法事也，不惜身命！諸人不去，我即去耳！」的誓言，歷經九死一生，東渡扶桑弘揚佛法，被日本人奉為律宗開山祖、醫藥始祖、豆腐業祖師、日本文化恩人。[5] 同理，阿彌陀佛發下四十八願度眾生的宏願，成就了清淨莊嚴的西方極樂世界，接引了無數苦難眾生安心修行。

「願力」如同噴泉，噴泉的高度不會超過水源的壓力，同樣，一個人的成就不會超過他的願力。願力有多大，成就便有多大。成佛這等大事也是如此，從發願起步。正如《大智度論》云：「莊嚴佛界事大，獨行功德不能成，故要須願力。譬如牛力，

5 〔日〕真人元開著，汪向榮校注：《唐大和上東征傳》（北京：中華書局，一九七九年），頁八。

雖能挽車，還須御者，能有所至。」（T25.108b27-29）由此可知，無願則不成能佛，願力是成佛的內在動力。《華嚴經》因而說：「一切諸佛悉具一切願滿，方得成佛。」（T37.150c21-22）

（三）行——成功的關鍵

一般人認為進入西方極樂世界的門檻很高，其實並非如此，一個人如果有了信心與心願，只要堅持念「南無阿彌陀佛」六字洪名，念到一心不亂的程度，便可蒙佛接引，帶業往生極樂淨土。也許有人會問：「這也太簡單了吧?!」是的，成功的祕訣本來就這麼簡單——貴在專心、堅持。

大哲學家蘇格拉底的學生向他請教：「怎樣才能修到精深的學問？」蘇格拉底聽後並未直接作答，只是說：「我向大家倡議做一件最簡單也是最容易的事，每個人儘量把胳膊往前甩，然後儘量往後甩。」接着他示範了一次，「從今天起，每天做三百次，大家能做到嗎？」學生們都笑了，這麼簡單的事有什麼做不到的？過了一個月，蘇格拉底問：「哪些同學堅持了？」有九成的學生驕傲地舉起了手。一年後，蘇格拉底再次問大家：「請同學們告訴我，最簡單的甩手動作，還有哪幾位堅持了？」這時，整個教室只有一個人舉起了手。這個學生就是後來成為古希臘哲學大家的柏拉圖。所以《六祖壇經》云：「此須心行，不在口念。口念心不行，如幻、如化、如露、如電；口念心行，則心口相應。」有了信心與心願而無行動，仍會一事無成；若能做到知行合一，通過堅韌不拔的努力，成功的大門就會開啟。

由此觀之，如果人生是一條船，那麼，堅定的信念是決定人生方向的舵，宏大的願力是驅使船前進的動力，堅韌不拔的意志是行動的力量源泉。信、願、行三種資糧，幫助我們在生命的大海中戰勝激流險灘，直至彼岸。至此，我們不難理解，阿彌陀佛的四十八大願，為什麼能成就清淨莊嚴的極樂國土，為什麼發願念佛可以往生西方極樂世界。這是《佛說阿彌陀經》對現代人的重要啟示。

心如工畫師，有願皆成就

《佛說觀無量壽佛經》導讀

倫敦大學亞非學院佛學博士、
南京大學教授
淨因法師

據《世說新語．假譎》記載，東漢末年，曹操帶兵攻打張繡，迷了路。時值盛夏，驕陽似火，士兵被曬得頭昏眼花，口渴難耐。曹操急中生智，告訴將士，前面不遠處有一大片梅林，那兒有水。將士聽了曹操的話，想到梅子的酸味，口水直流，遂士氣大振。最終軍隊沒有看到梅子，卻找到了水，渡過了難關。這就是「望梅止渴」成語的來源，常用來比喻願望無法實現時，用空想激勵自己。

然而，《佛說觀無量壽佛經》（以下稱簡《觀無量壽佛經》）認為，「觀想」潛藏着改變人生的巨大潛能，不僅能使我們夢想成真，而且能幫助人們成功「登陸」西方極樂淨土。

一、《觀無量壽佛經》的版本與注疏

據《開元釋教錄》所列，《觀無量壽佛經》有兩種譯本。劉宋曇摩密多的譯本已失傳，由劉宋畺良耶舍於文帝元嘉元年（四二四）在建業（今南京）譯出的版本，成為目前唯一的譯本，為本書（指中華書局（香港）有限公司出版的「新視野中華經典文庫」之《淨土三經》）所採用，不過，本書只是節選大部分經文加以譯注。日本人收藏了一些以維吾爾語寫就、成碎片的《觀無量壽佛經》，經日本學者研究，這些碎片很可能是從漢譯的《觀無量壽佛經》轉譯的，因為比對兩個版本，有許多相似之處。例如，維吾爾語經本中的觀世音菩薩是唐音（Oansiin Bodisati），而不是梵音（Avalokitesvra）。

該經的注疏很多，最具代表性的中文注疏有六種：《觀無量壽佛經義疏》（隋慧遠撰）、《觀無量壽佛經義疏》（唐吉藏撰）、《觀無量壽佛經疏妙宗鈔》（隋智者說、宋知禮述）、《觀無量壽佛經四帖疏》（唐善導集記）、《觀無量壽佛經義疏》（宋元照述）和《觀無量壽佛經直指疏》（清續法集）。其中，《觀經妙宗鈔》與《觀經四帖疏》，義理深邃，有獨到見解，對後世影響較大。以上注疏是本書主要參考資料。

二、《觀無量壽佛經》的基本內容

佛陀在王舍城王宮講《觀無量壽佛經》，大致包含三方面內容：本經緣起、修三福與十六觀。釋迦牟尼佛（以下簡稱「佛陀」）時代，頻婆裟羅王晚年得子，叫阿闍世。長大成人後，受提婆達多的煽動，把父王關進了監獄，打算把他餓死，自己做國君。王后韋提希營救丈夫的行動暴露後，也被囚禁起來。頻婆裟羅王危在旦夕，眼看不孝之子阿闍世即將犯下殺父篡位的彌天大罪，韋提希悲痛萬分。為了改變三人的命運，佛陀無問自說，為韋提希和未來無量苦惱眾生講述殊勝的極樂淨土法門——《觀無量壽佛經》，這成為佛陀講述本經的緣起。

三福指世福、戒福和行福，又叫作「三種善業」，是淨土法門修持的基礎。世福是世間善法，專指孝養父母，侍奉師長，慈心不殺；戒福是出世善法，專指受持三歸、五戒十善業；行福是入世善法，專指發菩提心，深信因果，誦讀大乘，自己獲益後，進而勸化有緣人，捨棄惡念，往生淨土。三福具有從淺到深，從低到高的次第，是往生淨土的前提條件。

念佛往生淨土，是淨土法門的總綱。就心路歷程而言，是由持名念佛至觀想、觀想再到實相念佛。**《佛說阿彌陀經》重在闡揚「持名念佛」，而《觀無量壽佛經》側重於「觀想念佛」，通過修十六種觀想（見下表），由觀想佛土、佛像、佛身，而見佛心，即得往生極樂國土。修十六觀因而成為本經之核心內容，所以本經有時也叫作《十六觀經》。**

十六觀

以因果分	以內外分	十六觀	說明
觀果	觀依報	1 日想觀	由現實世界過渡到西方極樂淨土
		2 水想觀 3 地想觀	觀淨土所依境界
		4 寶樹觀 5 寶池觀 6 寶樓觀	觀琉璃大地上樹、池和樓之莊嚴
		7 華座觀	由觀依報過渡到觀正報
	觀正報	8 像想觀 9 真身觀	觀佛果觀
		10 觀音觀 11 勢至觀	菩薩
		12 普觀	自往生觀
		13 雜想觀	由觀極樂淨土過渡到現實世界
觀因		14 上輩觀 15 中輩觀 16 下輩觀	回到現實世界

《佛遺教經》云：「制之一處，無事不辦。」（T26.285b27）一個人若專心做一件事，定能成功，這種「專注」的精神是《觀無量壽佛經》修觀成敗之關鍵。本經引導人們以專注於一方作為修觀的入手處。西方讓人們聯想到西方極樂世界，落日使人聯

想起美好事物，故觀日落西方，自然成為十六觀的第一觀——「日想觀」。而落日時天水相連，由觀落日自然過渡到「觀水」（第二觀：水想觀），觀水成冰，見冰為地（第三觀：地想觀）。再由極樂淨土琉璃大地觀想到大地上的樹（第四觀：寶樹觀）、池（第五觀：實池觀）和樓（第六觀：寶樓觀），構成極樂世界的莊嚴國土，以上六觀合稱為「觀依報」。其中，這六觀中的前一觀半（「日觀」及「水觀」前半）是連接現實世界和西方極樂世界之橋樑，所以稱作「觀方便」，後四觀半（「水觀」後半觀、「地觀」、「樹觀」、「池觀」和「樓觀」）是極樂淨土的依報。

第七觀「華座觀」之歸屬，古代有不同的意見。依慧遠，「華座觀」屬依報（指我們外在的物質世界）；依吉藏，「華座觀」屬正報（指我們自身）。我個人認為，「華座觀」是「觀依報」向「觀正報」之過渡，引導修觀者由莊嚴的極樂淨土上的華座，聯想到座位上的阿彌陀佛像（第八觀：像想觀），再聯想到相好光明的阿彌陀佛真身（第九觀：真身觀），然後自然聯想到在佛兩側侍立的觀音（第十觀：觀音觀）和大勢至兩位大菩薩（第十一觀：勢至觀）。第十二「普觀」是觀想自己身臨其境，往生西方淨土之境界。第十三「雜想觀」所觀之佛，又變成人們所熟悉的一丈六的佛像，對以上淨土聖眾加以總結。所以這一觀想又是過渡，把人們由西方極樂世界拉回到人間來。由此可見，由第八「像想觀」到第十三「雜想觀」，是觀想極樂淨土的正報——觀想淨土聖眾。

從第十四「上輩觀」到第十六「下輩觀」，又由極樂淨土回到人間，觀想凡夫修觀為因，往生淨土為果。佛陀依據修行者的根機、功夫深淺和造業，闡明不同的往生方法，有上、中、下三輩之別。三輩中再分為上、中、下三品，共有九種不同的往生方式。

修十六種觀想，是開啟從憂鬱、煩惱、痛苦、失望的此岸到達清淨、光明、美麗、安樂彼岸之門的金鑰匙。若觀想成功，必能親眼見到極樂世界的依、正莊嚴，蒙佛授記，去除無量劫業障生死之罪。修三福（世福、戒福和行福）則是修觀成功的前提條件，而人們生前的所作所為，決定了往生方法之不同，有上、中、下三輩九品之差別，使得往生極樂淨土的人有理有據，心安理得。

三、《觀無量壽佛經》的現代意義與普世價值

如何實現美好人生、建構理想社會，一直是人們最關心的話題。不少人堅信，充裕的物質財富、發達的科學技術和完善的法律體制是創建祥和、安定社會的保證；更有人過分誇大武力的作用，認為強大的軍隊、威力無比的武器是建立世界新秩序、維

護世界和平的利器。然而，殘酷的現實告訴我們，人類原有的問題（如生老病死之苦、貪嗔癡等思維、自然災害等）尚未解決，新問題（如恐怖主義的擡頭、禽流感等新病毒、環境污染、工作壓力、失業、精神空虛等）又接踵而來。人類苦難多，究其原因，人們並未從根本上解決問題。其實，世間的是與非、善與惡、美與醜、愛與恨、苦與樂、戰爭與和平來自同一根源——人心。

《六祖壇經》云：「心生種種法生，心滅種種法滅。一心不生，萬法無咎。」（T48.386b16-17）《華嚴經》亦云：「心如工畫師，能畫諸世間。五蘊悉從生，無法而不造。」我們的心如同世界上最優秀的畫家，畫出了人類幾千年文明的精彩。從原始人的鑽木取火到核能發電，從簡單的勞動工具到先進的儀器，從茅屋到摩天大樓，從結繩、算盤到電腦……哪一件不是人心所「造」？

也許有人會問：自然界美好的事物，如皎潔的明月、盛開的鮮花，都是客觀存在的事實，怎能用心去「畫」？其實不然，同樣是一江春水，在歡喜的人心中，是「日出江花紅勝火，春來江水綠如藍」；然而在憂愁的人心中，是「問君能有幾多愁，恰似一江春水向東流」。自然景色的本來面目，恐怕還是取決於觀賞者的心情，正如劉勰在《文心雕龍．神思》中云：「登山則情滿於山，觀海則意溢於海。」

那麼，心能「畫」出美味佳餚、舒適的居住環境嗎？莊子在〈齊物論〉中提供了最好的答案：人吃五穀，鹿吃草，鴟鴉喜歡吃老鼠。對於一切有情眾生來講，到底什麼才是真正意義上的美味佳餚呢？[1] 古往今來始終無定論。還有，人睡在潮濕的地方，就會腰痠背痛，泥鰍卻最喜歡鑽在泥地裏；人爬到高樹上就會驚恐不安，猿猴則在樹上來去自如。這樣看來，不同的動物，因業力不同，對舒適的居住環境會有不同的理解。[2]

人也是心「畫」出來的嗎？《大智度論》用美女作比喻來解答這一問題。慾心重的人見到美女，便覺得可愛而生染著心；情敵見到她便會妒火中燒；而在蚊子眼中，她是美食，也是致命的殺手……美女是同一人，卻因觀者的角度不同而產生好壞、美醜的分別，因此並沒有一個客觀存在的實體被稱為「美女」。

那麼，心也能「造」佛嗎？答案是肯定的。《六祖壇經》云：「菩提自性，本來清淨。但用此心，直了成佛。」（T48.347c28-29）心本清淨，被貪嗔癡等自私的思想污染後，產生種種分別，起惑造業，令人痛苦不堪，而成煩惱凡夫。正如《六祖壇經》云：「自性若悟，眾生是佛；自性若迷，佛是眾生。」（T48.361c28-29）又云：「前念

1 《莊子・齊物論》：「民食芻豢，麋鹿食薦，蝍蛆甘帶，鴟鴉嗜鼠，四者孰知正味？」

2 《莊子・齊物論》：「民濕寢則腰疾偏死，鰌然乎哉？木處則惴慄恂懼，猨猴然乎哉？三者孰知正處？」

迷即凡夫，後念悟即佛。」（T48.350b2829）轉迷成悟在一念之間。禪宗通過修禪定達到轉迷成悟的目的，而《觀無量壽佛經》中的十六觀則在禪修「專注」的基礎之上，加上觀想西方極樂世界依正莊嚴、諸佛菩薩相好光明等美好事物，使心中妄念沒有機會生起，如同衣物被香熏，久則染其香味。念佛之人心中常憶念佛，向善、向上的佛心便悄然而生，久而久之，與佛無異。《觀無量壽佛經》說：「次當想佛。所以者何？諸佛如來是法界身，入一切眾生心想中。是故汝等心想佛時，是心即是三十二相，八十隨形好。是心作佛，是心是佛。」

由以上分析可見，**我們的心確實如同世界上最優秀的畫家，畫出了千變萬化的世界，也畫出了喜怒哀樂的人生。修十六觀對個人的啟示是：以佛心看人，則遍地都是佛；以鬼心看人，則處處是猙獰的惡鬼。**但願現代人多從正面的角度看問題，人生一定更美好。修十六觀對社會的啟示是：要獲得全人類的幸福與安寧，必須從「自淨其意」開始，因為只有美好的心靈才能畫出絢麗多彩的人生。主觀世界一旦改變，宇宙人生也隨之而改變，理想社會遂隨之而生。

《佛說無量壽經》導讀

善念善行，善作善成

倫敦大學亞非學院佛學博士、南京大學教授
淨因法師

史蒂夫・喬布斯（Steve Jobs）堅信，「很多時候，人們並不知道自己需要什麼，直到你向他們展示出來為止」。在 iMac、iPod、iPhone 和 iPad 等天才般的作品問世前，人們對這些產品一無所知，但這些產品一投放市場，當下就「改變了我們看世界的方式」。[1] 同樣，受到諸佛讚歎的西方極樂世界，異乎尋常，難以被普通人所了知，佛陀才無問自說淨土法門。史蒂夫・喬布斯以「活着就是為了改變世界」的願力，創造了蘋果王國，「改變了我們的生活，重新定義了整個世界，並取得了人類歷史上極為罕見的成就」。[2] 同樣，法藏比丘發下四十八大願，成就了宇宙間最完美的理想世界——西方極樂淨土，為苦難眾生提供了良好的修行、生活環境。

一、《佛說無量壽經》的譯者與版本注疏

佛教在公元前一世紀傳入中國，被翻譯成中文的佛典並不多，《佛說無量壽經》（以下簡稱《無量壽經》）便是其中的一部。該經又稱《無量壽經》《大無量壽》《大

1 美國總統奧巴馬讚稱喬布斯語。

2 同上。

經》《雙卷經》。根據《出三藏記集》《高僧傳》記載，該經的譯本先後有十二種，其中七種已經失傳。據《開元釋教錄》記載，後漢安世高、曹魏帛延、西晉竺法護、東晉竺法力和覺賢、劉宋寶雲和曇摩密多翻譯的版本已失傳。現存《大正藏》中的五種版本中（見表一），以康居國人康僧鎧（Saghavarman）於曹魏廢帝嘉平五年（二五三）在白馬寺譯出的版本最完備，流通量最大。所以，本書〔指中華書局（香港）有限公司出版的「新視野中華經典文庫」之《淨土三經》〕節選這一版本作底本。

表一：現存五種《無量壽經》譯本

經名	譯者
《無量清淨平等覺經》四卷（T12.279b-299c）	東漢支婁迦讖
《佛說阿彌陀三耶三佛薩樓佛檀過度人道經》二卷（T12.300a-317c）	東吳支謙
《佛說無量壽經》二卷（T12.265c-279a）	曹魏康僧鎧
《大寶積經・無量壽如來會》二卷（T11.91c05-101c）	唐菩提流志
《佛說大乘無量莊嚴經》三卷（T12.318a-326c）	北宋法賢

本經的藏文譯本為《聖無量光莊嚴大乘經》，由勝友、施戒與智軍合譯，現存於藏文經「甘珠爾」部中。而梵文原本，則於十九世紀中在尼泊爾被發現，由英國學者馬克斯·繆勒和日本學者南條文雄合力出版，後譯成英文，名為 *The Larger Sukhavativyuha Sutra*，一九〇八年譯成日文。一九三一年，學者們完成了梵、藏、日、英合璧的《梵藏和英合璧淨土三部經》，收入《淨土宗全書》別卷中。[3]

由於《無量壽經》有眾多譯本，經題、內容等互有差異，自宋代起，淨土信仰者便對該經的不同譯本進行校正會集，以方便該經的流通弘揚。其中有四個版本具有較大的影響（見表二）。然而，會集本畢竟不是獨立的版本，能否完全契合原經宗旨，學術界、佛教界仍有不少爭議與批評，這是本書仍採用康僧鎧譯本的原因。

3 荻原雲來：《梵藏和英合璧淨土三部經》（《淨土宗全書》），頁一——一九二。日本淨土宗典刊行會編纂。

表二：四種《無量壽經》會集本

經名	會校者	注
《大阿彌陀經》	南宋王日休	把除菩提流志所譯之外的四種譯本刪補校正
《無量壽經》	清彭紹昇	在魏譯的基礎上作了一些技術處理，而非諸譯的會集本
《摩訶阿彌陀經》	清魏源	首開會校五種存世異本之先河
《佛說大乘無量壽莊嚴清淨平等覺經會集本》	民國夏蓮居士	在五種古譯本基礎上，結合此前三家校本會校

《無量壽經》注疏繁多，其中淨影的《無量壽經義疏》、吉藏的《無量壽經義疏》、新羅國黃龍寺沙門元曉的《無量壽經宗要》和新羅國沙門憬興的《無量壽經連義述文贊》並稱為《無量壽經》四大注疏。另外有彭紹昇、王耕心、丁福保、李炳南、黃念祖諸居士分別對四種會集本作過注疏，這些注疏，可用作深入探究《無量壽經》之參考。

二、《無量壽經》的基本內容

佛陀在王舍城耆闍崛山講《無量壽經》，大致包含三方面的內容：法藏的發願、修行與證果；眾生往生之因與果；諸佛之戒惡勸善。

（一）法藏發願、修行與證果

「眾生無邊誓願渡，煩惱無邊誓願斷，法門無量誓願學，佛道無上誓願成。」在眾多願中，「四弘誓願」是總願。依此總願，每位菩薩在修行時都發了自己的別願：文殊、普賢各有十大願；藥師佛、觀世音菩薩各有十二大願；阿閦佛有二十大願；師子香菩薩有四十願。各菩薩依願修行，建立了各自的淨土。《無量壽經》記述了法藏比丘由過去無量久遠劫之前，便先後跟隨錠光如來、處世如來等五十二尊佛修行，直至第五十三尊世自在王如來出現於世，轉世為國王，聞佛說法後，「棄國捐王，行作沙門，號曰法藏」。他在世自在王佛引導下，收集了十方諸佛本願，發下四十八大願。這是曠古未有的「超世願」。隋代三大師之一的淨影寺慧遠（五二三—五九二）將法藏比丘的四十八願分成三方面：攝法身願（包括十二、十三、十七三願）；攝淨土願（包括三十一、三十二兩願）；攝眾生願（包括其餘四十三願）。從比例上來看，我們不難發現，「攝受眾生」才是四十八願的核心內容，表明法藏比丘發願建立極樂世界的目的很純淨明確：為煩惱眾生提供安全的修行處所。

法藏比丘發願後，花費了五劫時間，從自利、利他兩方面依願修行。身、口、意三業清淨為法藏比丘自利修行的主要內容，其核心是自淨其意。法藏比丘以親身的修證告誡世人，修行的要點是去除凡夫心：貪心、嗔心、癡心、慢心、疑心、恨心、覆心（覆是覆蓋、掩藏過失）、誑心、諂心、驕心、害心、嫉心、慳心、無慚心、無愧心、不信心、懈怠心、放逸心、昏沉心、掉舉心（掉舉是心不安靜、妄動浮躁、障礙禪定）。修行的過程就是將這些凡夫心轉化成聖賢心：慈心、悲心、喜心、捨心、施心、益心、定心、信心、念心、達心、直心、慧心、戒心、願心、忍心、不退心、大乘心、無相心、平等心。將心專注於一句佛號上，使凡夫心不再有機會生起，一心觀想諸佛菩薩的莊嚴、西方極樂世界的美好，久而久之，佛心生起。正如《觀無量壽佛經》云，「心想佛時，是心即是三十二相，八十隨形好」。這是淨土法門自我修行的核心原理。另一方面，四攝、六度是法藏利益眾生的主要手段。通過自利利他，福慧雙修，法藏比丘積累了無量的功德，才能綜合二百一十億諸佛剎土（剎土即國土）的優點，成就天下第一清淨的佛土——西方極樂世界，而他本人也修得光明無量、壽命無量的真身。法藏修行之依、正之果在《佛說阿彌陀經》《觀無量壽佛經》中已有詳細描述，故本導讀略去之。

（二）眾生往生之因與果

如此福慧具足的絕妙淨土，怎樣才能往生彼處呢？佛陀講述了念佛定生淨土的因果法則，根據念佛人願力的大小、修持的勤惰、功德的深淺，而有三輩往生之不同。無論是誰，只要至誠念佛，蒙佛加持，便能帶業往生極樂，獲得具足佛相、永離惡道、遍供諸佛、聽聞正法、悲智雙運、定慧通明、智辯無礙、大悲普化等果報，最終得一生補處之位，直至成佛。

（三）諸佛之戒惡勸善

人生於世，不如意事十有八九；地震、洪水等自然災害時刻威脅着人類的生存；生老病死苦，無人能倖免。《妙法蓮華經》上說：「三界無安，猶如火宅；眾苦充滿，甚可怖畏。」（T9.14c22-24）《佛說八大人覺經》指出了眾苦的根源：「心是惡源，形為罪藪。」（T17.715b9）「心」主要指貪、嗔、癡三毒，是一切罪惡的根源。佛陀在講完淨土因果之後，對現實社會中世人沉迷於貪、嗔、癡三毒所帶來的危害進行了詳細的描述，告誡世人，沉迷於此而不修淨土，是墮惡道之因，將永劫輪迴。佛陀以大慈悲心勸誡世人專心念佛，以擺脫貪、嗔、癡的困擾，博愛行善，積累資糧，才能達到心無掛礙的境界。

緊接着，佛陀指出，世人因心不淨而起惑造業，主要有五方面的內容：殺、盜、淫、妄與邪念，《無量壽經》稱之為五惡。佛陀詳細解說了每一種惡行的表現形式，以及由此而招感的果報；並勸導眾生以仁慈戒殺生、以少慾戒偷盜、以忠貞戒邪淫、以誠信戒妄語、以智慧戒邪念，五善齊全，必能獲得現世之五德及未來之五福。最後佛陀反覆勸導世人，應遵行佛經，仁慈博愛，廣修善德，一心念佛，求生淨土。

從法藏比丘的發願、修行、證果，到眾生往生之因與果，一幅西方極樂世界的美圖展現在世人面前，阿彌陀佛身放光明，令在靈鷲山聽佛講法的聽眾，親見極樂世界的莊嚴景象，證實佛陀關於淨土之教言真實不虛。佛陀還分別列舉了十四個佛國往生的情況，往生人數之多，難以用數字來計算，以此勸勉世人堅定信心，發願往生極樂淨土。

三、《無量壽經》的現代意義與普世價值

現實世界總是不完美的，《佛說阿彌陀經》稱之為「五濁惡世」，對理想社會的

追求是人的共性。「人希望什麼」與「事實是什麼」之間，永遠存在差距和矛盾。這使得一些具有超卓思考力的理想主義者，勾畫了一個又一個理想世界。在哲學領域，西方有柏拉圖的「理想國」、摩爾的「烏托邦」、康帕內拉的「太陽城」、奧古斯汀的「上帝之城」等；東方則有中國儒家的「大同世界」、老子的「小國寡民」、陶淵明的「世外桃源」、孫中山提倡的「天下為公」的社會。

從宗教層面說，人類的理想社會有基督教的「天國」、道教的「天界」和佛教的「極樂淨土」。其中，極樂淨土還不止一個，稱為十方無量淨土。中國人最熟悉的，就有《彌勒上生經》中的兜率淨土、《藥師琉璃光如來本願功德經》的琉璃淨土、《大寶積經》中的妙喜淨土、《大乘密嚴經》的密嚴淨土、《妙法蓮華經》中的靈山淨土和《華嚴經》中的蓮花藏世界等。當然，《無量壽經》《觀無量壽佛經》《佛說阿彌陀經》中的西方極樂淨土最為著名，但不論是哪個淨土或理想世界，名稱並不重要，重要的是它代表着古今中外人們對美好生活環境的嚮往與追求——一個沒有鬥爭、罪惡和痛苦的理想世界！

《無量壽經》完整地記載了法藏比丘在世自在王佛的教導下，花費了整整五劫時間綜合二百一十億諸佛剎土的優點，建立起宇宙間最完美的西方極樂淨土。不少人認為，西方極樂世界是生存在信仰真空的烏托邦。然而，淨土三經為世人提供了構建理想社會的理論基礎與實踐方法（見表三）。**《佛說阿彌陀經》重在引導世人對西方極樂淨土生起信心，《無量壽經》側重於說明如何發願，而《觀無量壽佛經》重在說明如何修觀，「是心作佛、是心是佛」，心淨則國土淨，當下就在西方極樂國土。三經相輔相成，如鼎之三足，缺一不可，向人們完整地展示了淨土修行法門的總綱：信、願、行、果。**

表三：淨土三經一覽表

經、論名	講經地點	譯者	特色
《佛說阿彌陀經》（T12.346b-348b）	舍衛國祇樹給孤獨園	姚秦鳩摩羅什	信：念佛往生
《佛說無量壽經》（T12.265c-279a）	王舍城耆闍崛山	曹魏康僧鎧	願：四十八願
《佛說觀無量壽佛經》（T12.340b-346b）	王舍城王宮	劉宋畺良耶舍	行：十六觀法

淨土三經告訴我們，極樂淨土並不神祕，只要做到「富足利生」「德化治國」，理想社會自然會出現。

（二）富足以利生

佛家戒「貪」，而在《無量壽經》中，西方極樂國土的大地是黃金打造的，樹木、殿堂、樓閣都是金、銀、琉璃、玻璃、硨磲、赤珠、瑪瑙眾寶合成的，「七寶諸樹，周滿世界。金樹、銀樹、琉璃樹、玻璃樹、珊瑚樹、瑪瑙樹、硨磲樹。或有二寶、三寶，乃至七寶，轉共合成」。佛教一向主張四大皆空、看破放下，為何佛陀要把西方極樂國描繪成世界上最富麗堂皇的國土？這一問題常令人百思不得其解，其實，這種描述，暗含深意。

梁漱溟曾說過：「不可戰勝的是誰？是生命。被戰勝的是什麼？是物質。生命是心，是心表現在物上的，是心物之爭。」自古以來，物質的匱乏直接威脅到人類的生存，爭奪資源以求生命安全，一直是社會發展史的主旋律。這種爭奪造成人與大自然、人與人、人與社會之間的衝突。只有社會得到極大的發展，如同西方極樂世界一樣，人們思衣得衣，思食得食，生活在這樣安全的社會，積聚財富便變得毫無意義，各種爭鬥才會徹底停止。

由此觀之，發展社會經濟，創造更多的物質財富，是理想社會的基石。更重要的是，西方極樂世界如此富麗堂皇，正反映了佛家真空與妙有的辯證統一。一個人在修行的過程中，覺悟所謂的「我」是由五蘊和合而成，以此思維破除我執；所謂的萬物皆由眾緣組合而成，以此思維來破除人們對身外之物的執著，達到心無掛礙的境界。由此可見，佛家講空，空去的並非自我、萬物本身，而是人們對自我、萬物的執著心！佛家在講空的同時，還指出了不空的一面，因果不空。法藏比丘花費了五劫時間從自利、利他兩方面修福修慧，必有善果。相好光明、壽命無量是他的「正報」；華嚴富貴的極樂淨土是他的「依報」。依正莊嚴，是佛家講不空的一面。佛家的因果律不但為財寶遍地的極樂淨土找到了理論依據，而且明確告訴世人：佛教並不主張貧窮，因為貧窮是沒有福報的表現，因而鼓勵人們創造自己的人間淨土。這對當今建設繁榮社會仍具有借鑒作用。

（二）德化以治國

「不歌舞觀聽」為佛家十戒之一。按照習慣性的解釋，佛門中人似乎不應該觀看舞臺劇或聽音樂會，更不用說親自唱歌跳舞了。然而，在敦煌壁畫中，音樂題材的洞窟有二百多個，不同類型的樂隊多達五百多組，都是為了演奏出世界上最美妙的天籟。依據《佛說阿彌陀經》《無量壽經》的描述，西方極樂世界的上空飄着美麗的花雨，各種樂器在空中自由飛舞，不鼓自鳴，天女聞聲起舞，白鶴、孔雀、鸚鵡、舍利、迦陵頻伽、共命鳥等神鳥，不分晝夜地唱出柔和、高雅的樂曲，烘托出一個和諧的極樂世界。回到佛門的現實生活中，早晚功課期間，梵音亦不絕於耳……

由此觀之，微妙伎樂早已與佛家結下不解之緣。佛教所反對的不是音律本身，而是不和諧的音律。孤音自鳴，只能發出孤單與不和諧的音聲；多音和鳴，相互協調，才能演奏出和諧的樂章。佛儒二家深知其理，遂以樂理來教化民眾，治理天下。周公制禮作樂，孔子主張「安上治民，莫善於禮；移風易俗，莫善於樂」，其目的都是以「禮」約束外部行為，以「樂」調和內在的情感，以達到「上下尊卑有禮、親善和諧」的境界。至此，我們便不難理解，淨土經典花費大量筆墨描述清風、寶樹、百鳥晝夜唱出梵音，本意不在於美妙的音樂，而在一個「化」字，以清淨無染的佛法化世導俗，將佛陀的智慧化入人心，使不同根性的人和諧共處，如此，極樂世界離我們還遠嗎？

《六祖壇經》導讀

迷悟一念間

倫敦大學亞非學院佛學博士、
南京大學教授
淨因法師

佛教經典分為經、律、論三藏。弟子們將佛陀一生的言行錄收集整理成「經藏」，將佛陀制訂的戒條收集整理成「律藏」，將弟子們對佛陀教法闡釋的著作收集整理成「論藏」。換而言之，只有佛陀親口宣說的教法，才能被尊為「經」。唯一的例外則是六祖惠能（一作慧能）的言行錄，被弟子們收集整理成冊，以「經」冠名為《六祖壇經》。千百年來人們不但毫無異議，而且以讀《六祖壇經》為人生一大樂事，「人生最大幸福事，夜半挑燈讀壇經。」**《六祖壇經》是禪門的根本寶典，其中「見性成佛」的思想是促使佛教中國化的基石；「心性」學說對宋明兩代理學家的思維方式和思想內容影響巨大；通俗易懂的宣教方式使《六祖壇經》成為中國第一部白話文學作品。西方人瓦茨氏（Alan Watts）因而將《六祖壇經》看成是「東方精神文學的最大傑作」，而近代國學大師錢穆將之與《論語》《孟子》等書並列，《六祖壇經》成為探索中國文化的必讀經典之一。**

一、《六祖壇經》的作者

惠能（六三八—七一三），祖籍范陽（今河北涿州），隨父流放嶺南新州（今廣東新興縣）。三歲時父親去世，他又隨母親移居南海（今屬廣東佛山一帶），因家境貧寒，只能靠賣柴維持生計，無緣接受良好的教育，但悟性極高。惠能二十二歲時，有一次賣完柴，無意中聽人誦《金剛經》而心有所悟，成為他的求道因緣，以「佛性本無南北」之語吸引五祖弘忍的注意力，以「本來無一物，何處惹塵埃」偈語，得五祖印可。後來，五祖又專門為他解說《金剛經》，至「應無所住而生其心」而大徹大悟，祕得五祖衣鉢，為自己的求法時期劃上圓滿的句號。

「迷時師度，悟了自度。」二十四歲的惠能離開五祖弘忍，開始長達十五年的自性自悟期，因被惡人追逐，受盡磨難，命如懸絲，不得不避難於四會、懷集一帶，隱藏於獵人之間。逆境成為磨練惠能的最高學府，最終他達到了「不被諸境所惑，自然具足神通妙用」之境界。

惠能三十九歲那年（六七六），自思弘法因緣成熟，走出深山，來到廣州法性寺（今光孝寺），一句「仁者心動」，一鳴驚人，連名噪一時的印宗大和尚都心甘情願地拜這位「俗人」為師，然後才為自己的俗人師父落髮為僧。此中隱含「依法不依人」之深意！

惠能四十歲時來到曹溪寶林寺（今韶關南華寺），在大梵寺設壇講經說法，開始了他三十七年的弘法生涯。**他以「教外別傳、不立文字」的教學風格，闡釋「直指人心、見性成佛」的心性學說，成為印度佛教全面中國化的標誌，更對中國哲學與中華**

文化的發展產生了深遠影響。

惠能七十六歲時（七一三）在新州國恩寺去世，唐憲宗賜號「大鑒禪師」，柳州刺史柳宗元撰〈曹溪第六祖大鑒禪師碑並序〉，劉禹錫撰〈曹溪大師第二碑〉。由此可見，惠能在唐朝時便被文人雅士所敬仰。惠能圓寂後，其真身不壞，被運回曹溪寶林寺供奉，至今還保存在南華寺，供奉在六祖殿中。

二、《六祖壇經》的版本與注疏

惠能如同佛陀、孔子一樣，在世時其言行錄尚未被整理成書流通。惠能去世後，法海、法達、智常、志徹、神會等數以千計的弟子在傳播惠能頓悟教法的同時，形成各自的家風，並逐步將惠能的教法整理成書。《六祖壇經》也許從一開始就有多種版本同時流通。宗寶於一二九一年在編輯《六祖大師法寶壇經》的跋文中指出，「余初入道，在感於斯，續見三本不同，互有得失，其板亦已漫滅。」（T48.364c13）這一史料說明，至少在元代，多種《六祖壇經》版本仍然同時流通。學者研究的成果進一步證實了這一推論。柳田聖山在《六祖壇經諸本集成》一書中收集了中日兩國十一個不同版本的《六祖壇經》，石井修道認為有十四種之多，宇井伯壽在《禪宗史研究》中歸納出二十種版本，而楊曾文更是列出近三十種不同的版本。在眾多的版本中，綜合田中良昭、郭朋、王月清和洪修平等學者的研究成果，真正獨立的《六祖壇經》本子至少有四種：（1）唐代「敦煌本」（法海本，敦煌寫本）——《南宗頓教最上大乘摩訶般若波羅蜜經六祖惠能大師於韶州大梵寺施法壇經》（T48.337a-345b），約一萬兩千字，由唐法海集記。（2）晚唐「惠昕本」（宋本，興聖寺本）——《六祖壇經》，約一萬四千字，由晚唐惠昕改編（九六七）。（3）北宋「契嵩本」（曹溪原本，明藏本）——《六祖大師法寶壇經曹溪原本》，約兩萬一千字，由宋朝契嵩改編（一〇五六）。（4）元代的「宗寶本」（流通本）——《六祖大師法寶壇經》（T48.345b-365a），約兩萬一千字，由元朝宗寶改編（一二九一）。

學者們普遍認為，以上現存的各種《六祖壇經》版本起源於同一個母本——「敦煌本」，因而把各版本中不同於敦煌寫本的眾多差異看成是傳抄訛誤、修訂與補充，甚至有意篡改的結果，致使一萬兩千字的「敦煌本」擴充到兩萬四千字的「宗寶本」。事實並非如此。以編輯於九六七年的「惠昕本」為例，惠昕在〈六祖壇經序〉說，「古本文繁，披覽之徒，初忻後厭。於思迎塔院，分為兩卷，凡十一門，貴接後來，同見佛性者。」由此可見，惠昕在編輯《六祖壇經》時，對其內容不是擴充，而是簡化。內容較少的「敦煌本」確實是現存最早的版本，但並不一定就是最古老的版本。北宋時所修《新唐書．藝文志》（卷五九）有一段記錄，「僧法海六祖法寶記一卷。」[1] 李富華以此推斷，最早的《六祖壇經》抄本可能就叫《六祖法寶記》，而帶有「壇經」二字的版本應是後來的抄本。

更重要的是，內容較多的「惠昕本」「宗寶本」等較晚的版本，其內容之古樸未必就晚於較早的「敦煌本」。宗寶就是綜合當時三種不同的壇經古本而編輯成《六祖大師法寶壇經》。該本中「若論相說里數，有十萬八千」一語常被人們用來作為宗寶篡改《六祖壇經》的鐵證。事實上，這句話不但不是由宗寶篡改而來，反而證明「宗寶本」保存了「敦煌本」遺漏的惠能有關淨土的重要開示，詳情見下文。「宗寶本」幾乎是明代以後唯一的流行本，具有品目齊整、語言流暢、通俗易懂、文學色彩濃、可讀性強等優點，故為本導讀（指中華書局（香港）有限公司出版的「新視野中華經典文庫」之《六祖壇經》導讀）所採用。

《六祖壇經》的注疏，歷來很多。比較重要的有契嵩的《法寶壇經贊》、天柱的《注法寶壇經海水一滴》五卷、袁宏道的《法寶壇經節錄》、李贄的《六祖法寶壇經解》、恆璿的《法寶壇經要解》、益淳的《法寶壇經肯綮》五卷、青巒的《法寶壇經

1 點校本《二十五史．新唐書．藝文志》（北京：中華書局，二〇〇九年）第五冊，卷五九，頁一五二九。

講義》一卷、丁福保的《六祖法寶壇經箋注》一冊、無著道忠的《六祖壇經生苔帚》三卷等。近年來流行的是中華書局一九八三年出版的郭朋《壇經校釋》。

三、《六祖壇經》的基本內容

無論哪一種版本的《六祖壇經》，都大致由三個方面的內容組成：一是惠能自述生平。二是惠能開壇授戒說六波羅蜜。三是惠能一生以機鋒、三十六對等調教弟子及臨終囑咐等。依據印順考證，前兩個部分的內容大體上是惠能在大梵寺講法的實錄，應形成於惠能生前。第三部分內容是在惠能去世後，由弟子收集、整理而形成。《六祖壇經》內容博大而精深，深奧難明，令初學者望而卻步。賴永海對儒家和佛家的核心問題有精闢論述，為我們理解《六祖壇經》打開了一扇門，「儒家關於人的學問，通常稱之為人性理論；佛教關於佛的學說，則是作為整個佛教（特別是大乘佛教）核心問題的佛性理論。」《六祖壇經》就是最典型的代表，它以「佛性」回答人為什麼能成佛，以「悟性」回答成佛的途徑，以「心性」回答怎樣成佛。

（一）佛性——成佛的基因

《六祖壇經》首先要解的問題是，人為什麼能成佛，憑什麼能成佛？《百論》以沙中榨不出油來說明，人若無成佛的基因——佛性，便無佛可成，「譬如一一石女，不能有子；一一盲人，不能見色；一一沙，不能出油。多集亦不能。」（T30.175b22-24）由此觀之，佛性是關係到一個人能否成佛的大問題。這就是為什麼對佛性的討論，貫穿《六祖壇經》始終。惠能與五祖弘忍第一次見面時，兩人便就「獦獠」是否有佛性展開激烈辯論。十五年後，惠能第一次在廣州法性寺（即光孝寺）公開亮相時，印宗大和尚便迫不及待地向惠能請教：「一闡提等，當斷善根佛性否？」一闡提指十惡不赦之人，因八識田中沒有任何善種子，看似缺少成佛的基因，從邏輯層面來看，應該沒有成佛的可能。在北涼曇無讖（三八五—四三三）譯出《大般涅槃經》之前，這種觀點在佛教界已成定論。然而，《大般涅槃經》卻說，「一闡提等無有善法，佛性亦善以未來有故，一闡提等悉有佛性。何以故？一闡提等定當得成阿耨多羅三藐三菩提故。我常宣說一切眾生悉有佛性。」（T12.524b25）包括「一闡提」在內的所有眾生都有佛性。然而，人們仍有懷疑，爭論不休，印宗故有此問。

為了徹底化解印宗心中對佛性的疑問，惠能以空有不二的中道實相詮釋佛性的本質，即緣起的生滅，產生現象世界的萬事萬物，其本質是空、有不二的中道實相，

「智者了達其性無二，無二之性即是佛性。」惠能在回答武則天和唐中宗的內侍薛簡時，進一步將佛性與中道實相勾連在一起，「無二之性，即是實性。」對聖者而言，宇宙人生空有不二的實相就是佛性，常被稱為「實性」「法性」「實相」「真如」「法界」，是成佛的基因。

普通人雖然一時無法理解佛性之含義，一旦得到善知識的啟發，即使是「一闡提」的不善之人，總有一天會理解宇宙人生空無自性的中道實相，善心生起，成為生命的轉折點。就凡夫而言，人心中蘊藏着領悟諸法實相的潛能，這就是普通人的佛性，如同尚在母體中的胎兒一樣，總有一天會瓜熟蒂落，見性成佛。佛性因而被稱為「如來藏」「藏識」「本覺」「自性」。凡夫經過苦修而見性成佛，此時，佛性又被稱為「解脫」「涅槃」「菩提」「大圓鏡智」。**儘管佛性有種種異名，本質卻並沒有什麼不同。《六祖壇經》中這種佛性論的思想直接繼承了《楞伽經》《涅槃經》中「一切眾生皆有佛性」（T12.404c）的學說，幫助人們建立成佛的信心，邁向解脫的大門。**

（二）悟性——成佛的種子

佛家的「佛性」與儒家所說的「禮、仁」、道家的「善」，幽微難明，無法用邏輯、語言文字來描述、傳授。道家因而有「道可道，非常道；名可名，非常名」之說，而佛家則有「言語道斷，心行處滅」之言，《六祖壇經》直截了當地說：「諸佛妙理，非關文字。」如何才能「見」到佛性，走上成佛之路呢？這正是整個《六祖壇經》所要回答的問題。如果把「佛性」看成是成佛的基因，那麼，悟性則是成佛的種子。如何才能引發佛性種子起作用呢？《六祖壇經》採取的主要手段是藉教悟宗，通過五祖弘忍與惠能、惠能與韶州刺史韋璩、武則天的內侍薛簡以及法海、法達、智通、智常、志道等弟子之間的問答，循循善誘，兼用逞機鋒、解公案和參話頭等禪門獨特的教法，引導人們突破語言文字的局限，超越習慣性思維和邏輯思維，破除我執，覺悟空有不二的佛性基因，見性成佛。

《六祖壇經》中有關悟性的論述隨處可見。最引人注目的就是頓悟與漸悟之爭。惠能指出：「法無頓漸，人有利鈍，故名頓漸。」其意為，對症的藥方就是最適合的法門，沒有頓漸、高下之分，而人在領悟同一法時，卻有快有慢，因此而有頓、漸之說。更重要的是，頓、漸並非是兩個截然不同的法門，頓悟以漸悟為基礎，漸悟到一定程度才能發生頓悟，正如《妙法蓮華經文句》（簡稱《法華文句》）云：「漸頓者，修因證果，從體起用具有漸頓。今明起用，用漸為權，用頓為實。若非漸引無由入頓。從漸得實故稱歎方便。」（T34.38a）神秀「時時勤拂拭」的漸悟方法對初學者而言很適用，不應否定其作用；修到一定的程度，惠能的「本來無一物」之頓悟法門才能發揮其巨大的能量。正如錢鍾書在《思辨錄輯要》中說：「人性中皆有悟，必功夫不斷，悟頭始出。如石中有火，必敲擊不已，火光始現。」

（三）心性——成佛的土壤

《六祖壇經》從抽象的「佛性」入手，說明眾生皆有佛性，是成佛的基因，悟性則是成佛的種子，最後惠能花費大量篇幅論述怎樣才能成佛。正如賴永海所說：「人們學佛的目的，就是要體證佛性，返歸本體。因此，在佛教學說中，作為抽象本體的『佛性』『實相』，既是出發點，又是落腳點。」《六祖壇經》主張將悟性的種子種植在眾生的心田中，佛性種子才能生根發芽，茁壯成長。見性成佛必須從自心入手。惠能因而說：「不識自心，學法無益。」如何才算識得自心？惠能說：「自性能生萬法。」心念可分為「妄念」與「正念」兩種。妄念令人起感造業而成凡人，正念使人悟入般若空性，見性成佛。凡、聖全在一念間。心迷時執著於身外之物，為其所累，這就是「心迷法華轉」的道理。人迷時需要大善知識開導。惠能因而說：「迷時師度。」一旦覺悟了，「悟時自度。」自性自度，自淨其意，人人皆可成佛性，是《六祖壇經》修道的最大特色，這把人生的解脫從佛性、真如、如如等抽象的哲學思辨拉回到現實人生。對「本心」的認識，成為惠能頓悟解脫法門的理論基點。

四、《六祖壇經》的現代意義與普世價值

作為東方思想代表的孔子、老子與惠能的塑像，並立於英國大不列顛圖書館內，供世人瞻仰。這表明中華文化具有普世價值。《六祖壇經》中繼承與創新、自性自悟、知行合一、出世與入世、不執著和活在當下，在今天仍有很大的現實意義。

首先，儘管惠能主張「不立文字」，但並非否定文字的功能，「若不識法意，自錯猶可，更誤他人；自迷不見，又謗佛經。」事實上，惠能特別強調傳統的藉教悟宗的教育法，常引用佛經開示弟子：為無盡藏比丘尼（T48.349c21-28；T48.356c26-357a23）、志道（T48.356c26-357b11）、志徹（T48.359a2-359b11）講解《涅槃經》，為法達說《法華經》（《妙法蓮華經》的簡稱），闡述「心迷法華轉，心悟轉法華」之深意（T48.355b8-356b25），為智通釋《楞伽經》（T48.356a26-356b22），解答永嘉玄覺禪師學習《維摩經》時的疑惑（T48.357b29-358a9），為內侍薛簡闡述《淨名經》真諦（T48.359c13-360a16）。不僅如此，六祖還教誨法達，應是「心悟轉法華」，而不是「心迷法華轉」，今後便可繼續持誦《法華經》。法達「從此領玄旨，亦不輟誦經」。（T48.356a24-25）

與此同時，惠能並未墨守成規，死守經典，而是在講法時有所創新，對此岸、彼

岸、坐禪、授戒、佛性等，都有自己獨到的解讀，尤其是對淨土的新解，令人耳目一新，致使不少學者誤以為非惠能所說。《阿彌陀經》確實說過，「從是西方過十萬億佛土，有世界名曰極樂。」（T12.346c11-12）迷人以此為依據，堅信西方極樂世界是在十萬億國土外的西方。惠能則認為，這是心外求法，有違「道由心悟」的修道原則。惠能針對這一執著指出往生淨土的要訣，「迷人念佛求生於彼，悟人自淨其心」。修學淨土應從自心入手，逐步去除心中的煩惱。煩惱減一分，淨清增一分，智慧長一分。等到心中十萬八千種煩惱盡除，清淨的心顯現，如實觀照宇宙、人生真相，隨緣而行，當下就是淨土。從這種意義上講，**惠能的淨土觀是把人們從心外求法拉回到內心悟道，以心中煩惱的數量決定一個人與西方極樂世界的距離，科學而形象，使人容易入手修行**。這種方便教化眾生的方法，不但沒有否定淨土法門，反而為修淨土之人開啟了一扇切實可行的法門。惠能的這種創新精神與能力，對現代人仍具有巨大的借鑒作用。

其次，**《六祖壇經》以「即心即佛」打破了人與佛之間的界限，說明佛在人間，佛在心中，「不悟即佛是眾生；一念悟時，眾生是佛。」眾生與佛的根本區別就是一念之間的迷與悟**。《六祖壇經》以當下這一念巧妙地將《楞伽經》的「自性清淨」思想與般若經典中的空、有不二的「中道實相」結合在一起，以「凡夫即佛，煩惱即菩提」、「前念迷即凡夫，後念悟即佛」、「前念著境即煩惱，後念離境即菩提」等教法，闡釋禪修的關鍵是當下一念的轉迷成悟。一切佛法都在人自心之中，佛也不例外，以此啟迪人們的自覺意識，增強世人自我解脱的自信。《六祖壇經》為身處紅塵身心疲憊的「俗人」，指出了一條自性自悟的精神解脱之路。

另外，《六祖壇經》多次強調修道要知行合一，「口但説空，萬劫不得見性，終無有益。」對真如、自性、般若、實相、涅槃、菩提、法身、本性等名相，不少人越學習越有興趣，越研究越着迷，覺得佛法義理博大精深，妙不可言。其實，佛教的名相如同飯店中的菜單，只研讀而不用心體會，無法從中受益。「知」是一回事，「行」又是一回事。知（學）的目的在於行（習），行是知的歸宿和落腳點，知行同一方近於道。只有做到了王陽明（一四七二——一五二八）所提倡的「知行合一」，才能真正擁有般若智慧。這對今天迷戀各種書本知識與概念的人們仍有很大的現實意義。

最重要的是，《六祖壇經》採用佛陀的分析法，説明世界萬物都是由五蘊、十二處和十八界（即三科）等元素組合而成，根本找不出一個永恒不變的實體，故執無所執；接着惠能又以三十六對説明煩惱與菩提、是與非、善與惡、成與敗等概念、名相皆相對而存在，以此否定人們非此即彼的思想方式，「出沒即離兩邊」，「二法盡除」，中道實相顯現；最後，連空、清淨、佛果等概念皆不應執著，自性空中無一法可得，方能以無念、無相、無住的思維，隨緣而住，正念不斷，方能見性成佛。《六祖壇經》中這種隨緣不執著的教法對現代人仍有借鑒作用：在將我們的理想變成現實的操作過程中，應以因緣為我們進退的依據，因緣不成熟時莫「強求」，因緣成熟時應「爭取」，隨緣而行，不執一法，也不捨一法，才是生存、發展與成功之道。

最後，**《六祖壇經》將修行落實於生活當下的每一念。**五祖弘忍大師在湖北黃梅東禪寺開壇講學時，常有一千多人跟隨他專心參禪打坐。多年後，有些弟子疑惑不解地問五祖弘忍：「老師講《金剛經》時要求我們發菩提心，普度眾生，而實際上您每天讓我們參禪打坐，無法與社會接觸，哪有機會普度眾生？這是否有違大乘佛法利他的宗旨？」五祖弘忍指着深山中的參天大樹微笑道：「參天大樹只有在深山中才能長成，天長日久，才能成為棟樑之才；同樣，修行人必須經過一段時間的靜修，心有所悟，才能更好地走入人間，教化眾生。」

五祖弘忍的話，明確指出了修行與生活的不二關係。學法、持戒、修定如同上培訓班，真正的修行是在修行中生活、在生活中修行。六祖惠能進一步指出：「一行三昧者，於一切處行住坐臥，常行一直心是也。」在日常生活中，若能學會專注於當下所做之事——行住坐臥、搬柴運水、睡覺吃茶、一舉一動，學會「心專一境」，禪味自在其中。禪門的這種修行風格逐漸發展成為「農禪並重」的禪門家風，把挑水、劈柴、種地等都列為修行功課。而今流行的生活禪，更是強調修行沒有一定的固定形式，無論是行、住、坐、臥，還是工作、學習、旅遊，處處專注，時時無住生心，使禪修與生活打成一片，徹底打通出世與入世的壁壘，對當今和諧社會的建設無疑具有意義。

《六祖壇經》是中國文化史上的里程碑，其深邃的哲學思辨、超然的思維方式早已滲透到宗教、哲學、道德、文學、音樂、建築、雕塑、壁畫、美術等諸文化領域，是一座取之不盡、用之不竭的精神寶庫，必將為推動文化發展繁榮發揮其應有的作用。

雜類

《黃帝內經》導讀

天佑中華有中醫

醫學博士，現任職於香港大學
蘇晶

《黃帝內經》是中國現存醫學文獻中最早的一部典籍，它比較全面地論述了中醫學的基本理論和學術思想，為中醫學的發展奠定了基礎。中醫學發展史上出現的許多著名醫家和醫學流派，從其學術思想的繼承性來說，基本上都是在《內經》理論體系的基礎上發展起來的。因此，歷代醫家非常重視《內經》，尊之為「醫家之宗」。《黃帝內經》所揭示的生命活動規律及其思維方式，對當代以及未來生命科學的研究和發展也有一定的啟示作用。

現存《黃帝內經》，包括《素問》和《靈樞》兩部分，每部分八十一篇，共合一百六十二篇。《黃帝內經》成編後，《素問》和《靈樞》既有同時傳世者，也曾分別流傳。張仲景寫作《傷寒雜病論》時曾用過《素問》和《九卷》，輯錄了《素問》和《九卷》的全部文字。歷史上最早給《素問》作注的是齊、梁間的全元起，但其書已佚，僅從王冰的《次注》之中可以窺其一二。現存最早的注本就是唐代王冰的《重廣補注黃帝內經素問》，但其原書也已亡佚，現在見到的是經宋人林億和高保衡整理的版本，被稱為《次注》。明清時期，為《素問》作注者較多，如：馬蒔《黃帝內經素問注證發微》，吳昆《吳注黃帝內經素問》，張志聰《黃帝內經素問集注》，高世栻《素問直解》等。《靈樞》歷史上一直以《九卷》之名流傳，後晉人皇甫謐撰《鍼灸甲乙經》稱其為《鍼經》，至唐王冰將其改名為《靈樞》。宋朝史崧以「家藏舊本《靈樞》

九卷」，「參對諸書」整理成《靈樞》的定本，稱為《黃帝內經靈樞經》，流傳至今。馬蒔的《黃帝內經靈樞注證發微》是《靈樞》最早的注釋本。把《素問》和《靈樞》合編注釋的有明代張景岳的《類經》。

《黃帝內經》作為重要的醫學典籍，其理論體系包含着豐富的思想內容，其主要理論觀點如下：

一、陰陽五行學說

陰陽五行是中醫學認識世界的基本框架。《內經》認為陰平陽祕是生命存在的前提，古人認為作為天地萬物本源的氣，具有運動化生的本性。氣的運動展開為陰陽五行，整個世界就是以氣為內在本質，以陰陽五行為外在形態表現的動態統一系統。萬事萬物通過陰陽五行聯繫為一個統一的整體。陰陽學說屬於中國古代哲學的範疇，《內經》將其引進醫學領域，用以闡釋人體生命活動過程和現象中相互對立而又統一的兩個方面，指導對疾病病理的認識和診治、預防。陰陽和平是中醫學最高的價值追求。追求宇宙萬物的和諧是中華民族的永恆價值觀。人之所以生病，根本原因就是氣血陰陽的逆亂失調，所以中醫的具體治療原則雖有很多，但都以平調陰陽氣血為最後目的。在養生上，調和陰陽，達到和同筋脈、氣血皆從、內外調和是最終目標。

二、藏象學說

藏象學說是《內經》醫學理論的核心，《內經》根據這一思想建立了以五臟為中心，在內聯繫六腑、經脈、五體、五華、五竅、五志等，在外聯繫五方、五時、五味、五色、五畜、五音、五氣的五臟系統，形成一個表裏相合、內外相關的整體，藉相互關聯、相互作用的整體醫學宇宙觀，用以說明人體的生理功能和病理變化。以藏象學說為基礎而形成的臟腑辨證是中醫認識疾病的基本思維模式。

三、天人合一思想

天地萬物由一氣所化。中國古人認為氣是宇宙和生命的本源，人與天地萬物都由氣所化生。天與人之間之所以存在着相應的關係，源於天人一氣。氣是溝通天人萬物的中介。氣是人與萬物生死存亡的根據，是生命的本質。在氣論自然觀的宇宙圖景中，整個宇宙是一個大生命體，是由氣所推動的大化流行過程。就人來說，生命取決於氣，寶氣、養氣、調氣是養生和治病的根本要求。《內經》基於人與自然、社會的密切聯繫，建構了天地人「三才」醫學模式，使《內經》醫學理論能夠真實反映人體生命活動的客觀過程。這種醫學模式重視人與自然、社會的協調，將人與生存環境的和諧、人體心身的和諧視為健康的基本標準，並貫穿於疾病的防治和延年益壽理論與實踐之中，這是《內經》對於世界醫學的貢獻。它與近年醫學界提出的「社會—心理—生物」醫學模式的基本觀點是相通的，但其可貴之處是，它已完全融入自己的理論，並作為臨床的基本原則和方法實施於醫療活動之中。

四、形神統一觀

重神輕形是中醫區別於現代醫學的基本特徵。古人認為，天地萬物由氣所化生，具體說來，是由在天之氣（陽氣）和在地之形（陰氣）合和而成。就人來說則是形神合一。神是氣之功能的極致表現，神本質上也是氣。人的生命活動雖然要以形體為依託，但終究以氣為本質，氣在生命存，氣去生命亡。所以古人在生命觀上重氣輕形。最佳的生理狀態應該是形氣相得，在病理狀態下則是氣勝形則生，形勝氣則死。因此，與重視人體生理解剖結構研究，從有形的物質存在着眼的現代醫學不同，中醫重視對無形的生命之氣變化過程的研究。

五、獨特的生命觀

甲、人體觀。在古代哲學「精氣論」「道器觀」的影響下，《內經》將人視為精氣聚合、離散之器，生命現象是精氣升降出入運動的過程和結果，主要是從整體機能活動的方式、方法及其相互聯繫的「道」的方面，研究生命過程及其機制與規律，提出「以四時之法成」的生命機能結構學說，「陰平陽祕」與五行生剋制化的生命機能穩態學說，「奇恆」「回轉」的動態生命過程學說，集中體現在藏象、經絡、精氣神等理論中。

乙、疾病觀。在「奇恆常變」觀念的指導下，結合豐富的醫療實踐，《內經》確立了有關疾病的理論。關於疾病的概念，諸凡飲食起居、勞作情志等一切身心活動反生理之常者，均可使陰陽失調而致病。它不以形質結構及其物量變化的超標作為衡量疾病與健康的單一標準，而是更強調整體機能的紊亂與失常。關於疾病的發生，《內經》以「邪正相爭」闡明其機理，以六淫疫邪侵襲，飲食、勞傷與七情失調概括其致病方式，從致病因素與機體抗病能力相互作用的結果，審求其病理意義，即「審證求因」。關於疾病變化的機理，《內經》着眼於宏觀、動態地分析其整體機能失調的方式、狀態和過程，提出了以臟腑、經絡、氣血津液病變為基礎的疾病傳變等理論，成為臨床診病論治的理論基礎。

丙、診治觀。《內經》提出審機論治的診治原則，是辨證論治的雛型。審機，即審察病機，就是通過對臨床病症的收集、整理、分析、綜合，確定其病變本質。它是對疾病過程中致病因素與機體相互作用所產生的整體機能失調之本質概括，因時而異、因人而別，作為診斷過程，後世演化為「辨證」，於是「證」成為診斷和治療的關鍵，由此決定了中醫治療學的基本特點是在整體機能協調的基礎上，將治療個體化，強調治患病之人；提倡各種方法配合應用，強調綜合療法；在治人與治病的關係上，更重視人；在整體與局部、機能與形質關係的處理上，更重視整體、重視機能；對病變共性和個性的關注上，更重視個性。對於疾病的預防上，提出以增強體質為核心的健身防病思想，有效指導了各種自我健身法的實施，在世界保健醫學上獨樹一幟。

《黃帝內經》醫學論著寫作於諸子百家學術爭鳴的年代，與諸子之學相互唱和，對諸子學多有吸收，並深受其影響。**從《內經》文本看，黃老道家、《周易》與《內經》關係最緊密。還廣泛地吸收了天文、曆法、地理、氣象、生物、社會、心理、哲學等中國古代傳統的人文、自然等多學科的研究方法與成果，說明醫學科學與其他**

自然及人文學科之間的密切聯繫，是一部關於哲學和自然科學的綜合著作。西方有的醫學家認為與其說醫學是自然科學，不如說是社會科學更為合適；與人有關的學科就不僅是自然科學所能涵蓋的，必然蘊含着社會文化的內容。中國古代的醫學家從來沒有把醫學看成是孤立的為醫學專家所壟斷的專門學問，而是把它放在天地自然和社會文化的大視野中來思考。所謂「道者，上知天文，下知地理，中知人事，可以長久」（《素問．氣交變大論》）。這種學科間的聯繫、滲透、融合，正是中醫學至今仍有強大生命力的根本原因。《內經》的醫學理論之所以與諸子百家之學有着如此密切的關係，是因為中國古代的學術是一個統一整體。中國古代的學問並不像源自西方的現代學術那樣有明顯的學科劃分，而是存在一個普遍的大道貫穿於一切學術之中。不同的學術都是這同一大道的顯現。古人把包括人在內的整個宇宙看成是一個大生命的流行化育過程，一切學問都是對這大生命流行化育的揭示，醫學與其他學術之間並不是外在的關係，而是內在統一的，都是關於生命的學問。

本書（指中華書局（香港）有限公司出版的「新視野中華經典文庫」之《黃帝內經》）的編寫目的，是在中華傳統文化大背景下，介紹《黃帝內經》有關生命的認識。對原文的選錄，以北京中華書局姚春鵬本為底本，進行增減，選擇了最能反映中醫學術思想特點的篇章或段落，對於比較具體論述疾病或理論內容深奧的部分則略去。通過「導讀、注釋、譯文、賞析與點評」等為讀者提供閱讀門徑與參考。本書《素問》卷根據《重廣補注黃帝內經素問》（四部叢刊上海涵芬樓影印本）校訂，《靈樞》卷根據《靈樞經》（商務印書館一九五五年重印本）校訂。《黃帝內經》與中國古代文化是一個博大精深的整體，理解《內經》的醫學也必須進入中國文化這一大背景才行。因此，在注釋時多引證諸子之言，以加深對《內經》思想的理解。古人講做學問要懂得溯本求源，既要知其然，更要知其所以然，這樣才能把學問貫通起來，才是真學問，因此，在注釋某些詞語時，闡明其詞義由來的邏輯關係，力求使讀者逐漸養成求索語源、貫通學問的習慣，才能進入中國醫學這一智慧的殿堂。

人類在探索未知世界時，最難認識的就是人類自己，人是既開放而又相對封閉的複雜系統，生命活動不僅隨着自然界時空的變化而改變，同時要承受人類改變自然、征服自然所帶來的結果，如環境污染、氣候暖化、輻射侵襲；還要面對社會發展帶來的精神壓力、物慾膨脹、內心失衡，這是全人類共同面對的挑戰，二〇〇八年《黃帝內經》學術研討會在香港舉行，海內外的專家對這部中醫學的奠基之作給予了高度的評價，來自倫敦大學的**馬堪溫教授將《黃帝內經》的核心理念概括為重生、尊生、保生六個字，道出了沉澱五千年的東方文明對生命及生命規律的認知心路，也開闢了我們面對未知疾病時的防治新思路。**

重生：在《黃帝內經》的開篇《素問．上古天真論》首論生命的重要，稱養生得道的人為「真人」「聖人」「賢人」「至人」。提出「法於陰陽，和於術數，食飲有節，起居有常，不妄作勞」的養生方法，告誡人們「外避虛邪賊風，內養精神情志」，「恬惔虛無，真氣從之，精神內守，病安從來？」的養生原則。

尊生：尊重生命，就是尊重生命的規律，生長壯老已是生命的客觀規律，中醫的理念是根據生命活動的不同階段特徵進行調養，如：青少年時期，健康成長；中年人要保證其精力旺盛；老年人要減少疾病，提高生命品質，健康長壽。尊重生命，還要尊重生命賴以生存的客觀環境，「人以天地之氣生，四時之法成」，「人法地，地法天，天法道，道法自然」，提倡順從自然規律的和合天人觀，而不是征服自然、改造自然，更不是戰勝自然。

保生：中醫強調治未病，包括在未病之時加以防範；已病之初及早治療，防止傳變；無論是疾病的診斷，還是治療用藥，均以保護人體的正氣為核心理念，儘量採用平和的方法，在不破壞人體基本生理活動的前提下，幫助人體恢復健康。陰平陽祕，正氣存內，病安從來？

在中國古代先哲看來，只有對天地宇宙有一個正確的認識，養成高尚的道德人格，建立一種合理的生活方式，才是保持身心健康、免除疾病困擾的關鍵所在，才是

「躋斯民於仁壽」的恆久之道。所以在一定意義上說，《黃帝內經》給我們的啟示是一種積極的生活方式，是一種生存的智慧。中華書局出版「新視野中華經典文庫」，並將《黃帝內經》收錄其中，可謂慧眼識珠，功在後代。

《淮南鴻烈》導讀

宇宙人生系統的精微智慧

香港中知書院客座教授，
人文學會客座教授，
香港專業教育學院客座講師
潘樹仁

自古讀書人和學術界都把《淮南鴻烈》一書視為道家哲學理論的總覽，或者是一本記錄雜家思想的百科全書。對比《呂氏春秋》這部百科全書，**《淮南鴻烈》的內容獨特，涵蓋了天、人、地、神祇、萬物等等，建構出一個相關而緊扣的系統，並且闡述了「道」的核心、開展和應用三方面的狀況**。書中以天文、山林、精神、兵略等事物來闡釋大道，貫通天道與人事，有別於《老子》那樣討論道學，也不同於《莊子》用比喻和故事來說明大道的哲學。「道」的哲理是遠古中華文化的開端，當時並沒有道、儒之別。有一句話說「推儒備道」，意思是推行儒家思想，也要裝備道學的依據，故此讀者們一定要理清這個基本點，才可容易地掌握整個中華哲學的根源，這就是本書（指中華書局（香港）有限公司出版的「新視野中華經典文庫」之《淮南鴻烈》）要特別呈獻的「新視野」。

本書會用修養身心的視野，助你尋找生命的意義，並且讓你輕鬆地投入書內，遊走於文字之間，與該書的眾多作者前輩精神交往。本書亦會發掘書中的學問及現代實用的部分，讓你感悟大「道」哲理的思維方式及其核心，以此應用於日常生活之中，甚至應用在職場的管理工作裏。

一、書名、作者及成書

《淮南鴻烈》成書於西漢，原名《鴻烈》，「鴻」是龐大、巨大的意思；「烈」是「明」及闡明、說明的意思。此書是先輩的偉大功勞，後世多稱之為《淮南子》或《淮南鴻烈》。至於「淮南」一名，乃源於其編者淮南王劉安（前一七九－前一二二）。劉安是漢高祖劉邦的孫子，他與數千人的智囊團（古稱食客或方術之士）一起撰寫編纂《淮南鴻烈》，大約在吳楚七王叛亂至漢武帝登位期間成書。劉安的父親劉長在漢文帝時計劃叛變，被發現後遭到流放，最終自殺而死。有學者便認為《淮南鴻烈》編書的時間應該早在劉長時代，劉長為了謀奪江山尋找治國之道而編撰的。劉長死後，劉安及其兄弟沒有受到牽連，劉安更獲文帝冊封為淮南王。《漢書・淮南衡山濟北王傳》形容劉安：

> 淮南王安為人好書、鼓琴，不喜弋獵狗馬馳騁，亦欲以行陰德拊循百姓，流名譽。招致賓客方術之士數千人，作為內書二十一篇，外書甚眾，又有中篇八卷，言神仙黃白之術，亦二十餘萬言。時武帝方好藝文，以安屬為諸父，辯博善為文辭，甚尊重之。

劉安蒐集秦始皇時代散失和祕藏的書籍，加以輯錄和整理。《淮南鴻烈》成書之後，劉安便把此書獻給漢武帝，以表明期盼國家昌盛和諧，當中〈**卷二十一．要略**〉**便明確指出希望達到「紀綱道德，經緯人事」，「天地之理究矣，人間之事接矣，帝王之道備矣」，認為要以天地的大道為準則，來維持正確的社會道德秩序，維繫人們倫理關係的和諧，作為民眾的共同目標。**該書編寫整理的時代，正值西漢初年文、景之治，當時統治者以道家自然無為的思想作為統治國家的指引，期望人民在戰國和秦國的戰禍後，好好休養生息，於是大力鼓勵社會各階層研究及熟讀道家書籍。

《淮南鴻烈》原著有「內書」二十一卷、「中篇」八卷及「外書」三十三卷，內容龐大博雜。當中的「內書」是現存流通的版本，講解天地大道與社會人事等哲思；「中篇」主要記錄修煉神仙的技法，以及驅神除鬼等法術；「外書」已佚，內容已不得而知。清人茆泮林和葉德輝各自收集了一些片段，都是中篇和外書的零星佚文。東漢的高誘曾進行注解，他在《淮南鴻烈集解》的序言中說：

> 言其大也，則燾天載地；說其細也，則淪於無垠。及古今治亂、存亡、禍福，世間詭異、瑰奇之事。其義也著，其文也富，物事之類，無所不載。

由此可見，**《淮南鴻烈》不但論述了宏觀的宇宙，還蘊含了皮毛纖小的事，以及奇異怪誕、精彩的事物，而且文辭豐富瑰麗，因此被譽為「構思精密，構想奇特，構造完備」的巨著。**

二、歷代研究

最早為《淮南鴻烈》作注解的有高誘和許慎，可是後來文稿雜亂了，令人分不清哪些注解出自誰人。不過，《淮南鴻烈集解》仍然是最重要的早期版本。在宋明時代，雖然《淮南鴻烈集解》廣泛流傳，卻沒有重大的校正。到了清朝，考據學鼎盛，研究者對《淮南鴻烈》作出了仔細的校勘，當中乾隆年間的莊逵吉版本較受歡迎，而樸學大師王念孫對此亦有嚴謹的校對，其文記載於《讀書雜誌》。清末則有俞樾的《諸子平議》和孫詒讓的《札迻》，他們繼承了王念孫的方法，再加以改進和補充。現代學者于省吾的《淮南子新證》和楊樹達的《淮南子證聞》都作出了詳細的考證闡釋。至於劉文典編撰的《淮南鴻烈集解》，勘對廣闊，蒐羅詳盡，被胡適讚揚為「總賬式」，成為建國初期的重要參考書。至於較近期的出版有何寧《淮南子集釋》、張雙棣《淮南子校釋》和顧遷《淮南子譯注》等，作品各有特色，若果合併起來閱讀，則可達到更深入的效果。此外，許匡一所著的《淮南子全譯》運用了音韻通轉解釋文字，理據有力，並提出了具啟發性的解讀。要研究《淮南鴻烈》，也可以從其他渠道獲得思想內涵，例如徐復觀的《兩漢思想研究》、牟鍾鑒的《〈呂氏春秋〉與〈淮南子〉思想研究》和葛兆光的《中國經典十種》等。

歷代對於《淮南鴻烈》的研究都有豐富而多角度的觀點，值得讀者參考。例如宋代史學評論家高似孫在《子略》中評論此書：「《淮南》，天下奇才也！《淮南》之奇，出於《離騷》；《淮南》之放，得於《莊》《列》；《淮南》之議論，出於不韋之流；其精好者，又如《玉杯》《繁露》之書。」至於研究的主題，主要是研究當中的道家思想和先秦各種雜說兩大類。

三、心身修煉

基於開拓新視野，必須重提先秦時人們讀書學習的模式，而修煉就是他們學習的重要部分，例如顏回有「坐忘」的功夫，管子亦提到「動則失位，靜乃自得，道不遠而難極也。」只有靜慮、靜觀、平靜，才易於悟道。明代大儒王陽明教導學生半日靜坐半日讀書，思辨和讀書不能過於消耗體能，他認為修煉可以提升體內的正能量，這樣才有機會發揮智慧潛能。

《淮南鴻烈》書中有八十四個「靜」字，數量頗多，讀者閱讀此書時，可以心身修煉為切入點，在鬆靜的狀態下，直接感悟書中的道理。關於心身修煉，看似道家最為着重，其實在上古至漢代初年，讀書人都會把修養功夫貫徹於書本的學問中，二者不會分割開來；而且儒、道尚未分家的時候，中華文化便採用「道」「易道」或「大道」等詞彙開展古人的哲學理念研討，並且會系統化地觀察萬物。一直以來，修煉的技巧以導引術為主流，有外導引的「引體」動功，其次是內導引的「行氣」靜功。道家學者較着重修煉的技術，多研究身體的健康和變化過程，墨家則側重個人生活上之刻苦修煉，其他諸子百家則以論述思辨「心性之學」為主，「心齋」或「坐忘」的功夫則放於次要的位置。在龐大的書庫裏，對於心性的哲理探求，向來有不同的學說，人的心理變幻多端，可善可惡，要修養心境，應多讀善書經典，這必然對人有所幫助，這就是古人所講的「心廣體胖」。

在《淮南鴻烈》一書中，亦多處提到修煉養神的重要性及作用，例如〈泰族〉篇說：「治身，太上養神，其次養形；治國，太上養化，其次正法。」這裏很清楚地指出修煉比治國更為重要。其實治理個人自身，根本就是「養神」的氣學精神修煉功夫，精神境界的提升可使身體健康，提升智慧。有了健康的身體，便可以把事情做得更好，而且在身心提升的過程中，也可以感悟變化的道理，對治事治國都有幫助。治國的最高目標，是引導和教育人民修養道德及維護公義，從而讓每個人的氣質有所變化提升，內化而達到有道德修養，成為一位良好的公民。至於法律則較為次要，只有阻嚇的功用。這就是傳統「身國同治」的修煉方向。此外，《淮南鴻烈》對於修煉亦有一些見解，如〈齊俗〉說：「今夫王喬、赤誦子，吹嘔呼吸，吐故內新，遺形去智，抱素反真，以游玄眇，上通雲天。今欲學其道，不得其養氣處神，而放其一吐一吸，時詘時伸，其不能乘雲升假，亦明矣。」這裏指出如果「時詘時伸」，沒有持久恆常修煉，便沒有良好結果。

要讀書追尋智慧，必須要內外配合，對外應避免被事物衝昏頭腦，對內要穩定自己的神氣，煉神養氣，這樣才可以開通閉塞的竅門，明悟天地的真理智慧。〈精神〉篇便重申修煉精神的重要性，並作出提示。雖然《淮南鴻烈》看似沒有具體的功法，但當中其實有許多指導性的原則，是高層次的修煉方法，也是內外相合的實踐成果。

往後發展的修煉方法有「丹功」或「性命雙修」，而道家最後確立了「性命之學」，「性」是智慧心境，「命」是身軀肉體。「性命雙修」即是心身同時鍛鍊，是現代養生文化和醫學氣功界普遍推行的方向。這種身心並煉的理解，也切合於現代西方身心語言學（NLP）的理論，由此可見中西文化確實有共通的地方。

四、主要思想內容

《淮南鴻烈》的內容豐富，其所涉及的內容包括哲學史、諸子思想、儒道思想的比較、政治主張、神話的理解、文學特質、混沌與宇宙本體、陰陽哲理、人事組織、管理學、天人關係思想、兵學策略等等。當中以「道」為最主要的核心內容。文中的「道」有多種意義，且有不同的引申，讀者可加以揣摩，以轉化為日常實際應用的道理。

（一）《淮南鴻烈》的「道」

1 「道」是天地萬物的本體及整體

> 夫道者，覆天載地，廓四方，柝八極，高不可際，深不可測，包裹天地，稟授無形。原流泉浡，沖而徐盈，混混滑滑，濁而徐清。（〈卷一・原道〉）

「道」包羅了天地所有事物，是萬物的本體及整體。現代人在抉擇人生道路時，不要只考慮個人的生命本體意義和價值，還要顧及整體性，包括家庭和親友，以至社會和國家，甚至是人類和宇宙大歷史的寬廣層面。

2 「道」是宇宙的創生源頭，聯繫着天、人、地的主軸

夫精神者，所受於天也；而形體者，所稟於地也。故曰：「一生二，二生三，三生萬物。」（〈卷七・精神〉）

「道」是宇宙的源頭，它生成了一，一是天，二是地，三是萬物。「道」又是聯繫着天、地、人的主軸，人的精神靈性乃來自天的最完備能量，而人的形體結構則符合大地；人類頂天立地，管理着大地的物類，「道」可以在宇宙人間循環運行，生生不息。在現代社會，人們常常熱烈地談論環保的問題，提倡節儉消費，其實當中的核心原則便是人與天地的關係。天、人、地是互相聯繫的，人類的舉措除了會直接影響到天空和大地外，也會影響未來，因此人必須維護宇宙創造時的自然生態，才不會破壞天、人、地的循環秩序。

3「道」是宇宙和所有事物的運行規律、範圍及進行程序

夫太上之道，生萬物而不有，成化像而弗宰，跂行喙息，蠉飛蠕動，待而後生，莫之知德；待之後死，莫之能怨。（〈卷一・原道〉）

「道」雖然衍生了萬物，但卻不是萬物的擁有者，也不是物質的本身，它只是生產過程中所運行的規律。然而一切生物都不能離開大道的範圍，沒有大道的方程式，就不能有生生死死的循環系統。在道的運行下，春夏秋冬四季活動正常，動植物的生長可得到優良的培育，可是在現代社會中，許多人為的活動都擾亂了大道的規律，例如工廠在生產過程中所產生的污染物造成了酸雨，影響生態；又如人類大量使用化學飼料、防腐劑等，導致肉類和蔬菜受到污染，人類食用後便會影響健康和體質。這些都是人類自己惹的禍，破壞了大道的活動規律。

4「道」是宇宙最高最終的哲理、真諦和真理

太清之始也，和順以寂漠，質真而素樸，閒靜而不躁，推移而無故，在內

而合乎道，出外而調於義，發動而成於文，行快而便於物。其言略而循理，其行悅而順情，其心愉而不僞，其事素而不飾。（〈卷八・本經〉）

在宇宙的開始，「道」展示了最高最終的哲理狀態：它和順、寂靜、質樸，閒逸寧靜而不急躁，任憑事物自然推演。而聖天在內會配合大道的不變原則，在外演化成仁義，少言而合於大道天理，順應人情，不作虛偽的行為，自然樸素而不用修飾。當人順應這種自然態勢運動，必定會增加大智慧，獲得幸福美滿的人生。

5 「道」是最高尚的道德規範

聖亡乎治人，而在於得道；樂亡乎富貴，而在於德和。知大己而小天下，則幾於道矣。（……）是故得道者，窮而不懾，達而不榮，處高而不機，持盈而不傾；新而不朗，久而不渝；入火不焦，入水不濡。是故不待勢而尊，不待財而富，不待力而強，平虛下流，與化翱翔。（〈卷一・原道〉）

「道」是最標準最高尚的道德規範，是人類修養德行的規矩法則。這就像正確而無形的人生大路，人如能走在此路，便是有道德的聖人。聖人不在乎坐上高位管治人民，而是希望得到高尚的道德；他們不會因為獲得財富而快樂，只希望以良好的德行修養與大眾同樂。此外，他們明白修養高尚的道德才是正確的人生大路，這比得到天下的名利更為重要，即使貧窮，他們都不會懾服於名利的誘惑和武力的威嚇之下。假如名利增多了，他們不會炫耀個人的光榮，反而會在沒有特殊勢力的情況中獲得別人的尊敬。即使沒有巨大的財富，他們仍能夠運用充足的資源服務社會人羣。這種不為名利的人生目標，啟示現代人必須重新思索自己應該選擇和開拓哪一條人生新道路。

6「道」是萬物的自然活動力量和潛能

> 是故聖人守清道而抱雌節，因循應變，常後而不先。柔弱以靜，舒安以定，攻大靡堅，莫能與之爭。（〈卷一・原道〉）

「道」是宇宙一切事情和物類的自然活動力量和潛能，人如能守持着清靜的大道，修煉着精神養氣功夫，不爭先恐後，柔弱虛靜，便能應變萬事萬物，有强大的力量，並且獲得勝利或達到目標。現代人只要清楚了解自然活動的力量所在，好好培養及發揮潛能，便可在人生路上化險為夷，開拓生命的新道路，成就非凡的功業。

7「道」是主宰一切的最高力量

故達於道者，不以人易天，外與物化，而內不失其情。至無而供其求，時騁而要其宿。小大修短，各有其具，萬物之至，騰踴肴亂而不失其數。是以處上而民弗重，居前而眾弗害，天下歸之，姦邪畏之。以其無爭於萬物也。故莫敢與之爭。（〈卷一．原道〉）

「道」是主宰一切事物的最高力量，人不能改變天理道理，只可順隨。「道」這種巨大的能力無處不在，天下人都信仰（類似宗教式的信仰），而奸邪的人則會畏懼，沒有人敢與這種權能爭鬥。「道」不是簡單的神性宗教，它的主宰力量統領着人間和天地的事物。

（二）《淮南鴻烈》的「無為」觀

1 不違本性，順從自然

《淮南鴻烈》的「無為」觀，並非一般人認為不做任何事的想法，它其實是指不去阻撓身心的自然反應，不去阻礙人性自然的美善，讓日常生活更自在。〈卷一．原道〉說：

> 無為為之而合於道，無為言之而通乎德，恬愉無矜而得於和，有萬不同而便於性，神託於秋豪之末，而大宇宙之總，其德優天地而和陰陽，節四時而調五行。

意思就是要依從「道」「和」，在沒有目的及壓力之下做事，順乎身心，讓所做的事情合乎大道，不使用做作的言語，發揮出人性自然的美善。因為順從天性，便會自然遏止不公義的事件發生，或救濟弱小社羣，這種善良的行為便是真正的功德。

2 君臣異道，以「無為」馭「有為」

「無為」同樣用於治國，君主必須用「無為」的態度做事和駕馭下臣的「有為」，〈卷九．主術〉中說：

> 人主之術，處無為之事，而行不言之教。清靜而不動，一度而不搖，因循而任下，責成而不勞。是故心知規而師傅諭導，口能言而行人稱辭，足能行而相者先導，耳能聽而執正進諫。

君主應實行無為之治，不須以言語說教，只須循着自然法規來任用下屬，以自己的言行作模範，教導朝臣和老百姓，堅守不干擾方式。君主依法治國，選用賢明士，避免動搖羣臣依法行事的工作方針，各人都負上應有的責任，國君就能達到無為而治的境界，國家也會一片祥和融洽。

現代人開始崇尚返璞歸真的自然無為生活，不過部分人只明白外在的大自然，沒有反觀自身中的自然天地，其實人們應順着體內的小天地，配合大天地，自然地活動起居，令生命舒暢，這樣才是真正的無為而為。本書將會提供這方面的解讀，讓人們從新的視野閱讀經典，找回自然無為的道理，從而兼顧內外合一，天人合德，通達心身天人一體的大道。

五、用語賞析

現在流行的版本，全書共分二十一卷，實際有二十篇，上冊有十三篇，下冊有七篇，相傳上冊為高誘所注，下冊為許慎所注，故有上下分冊的編排，最後一卷為〈卷二十一．要略〉，即是重要的概略大綱，總括了全書的內容。大綱放在最後，是漢代以前的方式，例如《史記．太史公自序》也是如此編排的。

語言文字是重要的表達方式，讀者不妨研究《淮南鴻烈》的用語多寡，以探討文章想表達的深層義理。全書共十五萬八千多字，平均一卷約七千五百四十五字。最長一卷是〈人間〉，共一萬二千六百餘字，最短一卷〈覽冥〉共三千六百多字，超過一萬字的有四卷。相比之下，《老子》只有約五千字，《淮南鴻烈》比它的字數多三十倍，也比《莊子》多逾一倍。此書大部分內容都在《老子》及《莊子》之上有所發展，是研究道家思想的重要著作，不可忽略。以下統計了《淮南鴻烈》的字詞使用次數，可供大家參考：

	字詞	使用次數
名字	老子	五十七
	孔子	五十二
	舜	五十二
	堯	四十七
字	道	六百一十六
	心	三百〇六
	德	三百
	義	二百二十二
	氣	二百二十一
	性	一百七十三
	和	一百四十六
	禮	一百四十二
	仁	一百一十四
詞語	君子	七十四
	天子	六十二
	仁義	五十六
	精神	三十九
	道德	二十八

筆者非常重視此書使用文字的技巧，而現代西方亦設有語言分析哲學的科目，如要深入了解和研究《淮南鴻烈》的文字，將會牽涉到很多相關的問題，例如該時代的語言結構、文字的理解等，因此筆者在這裏只能作一個引子，希望引起讀者留意，然後作出深入的探討。從表面的詞語應用數量觀察，本書傾向於展現道德仁義君子的大道，並且希望審視人類哲理的源頭，引申出中華傳統文化「道」的本體。

六、《淮南鴻烈》的現代價值

經典的存在價值在於它蘊含先賢的智慧，而這些智慧對於現代社會仍然非常有用，具有現代的價值，故此很多人爭相研讀經典。只要懂得基本的「大道」哲理思想，便可以明悟《淮南鴻烈》內所述說的智慧，並能加以運用。

現代社會重視物質享樂，萬物紛陳；另一方面，人們又用法律條文控制人的外在行為，割裂自己的身心聯繫，更切斷了人與天地的關係，而〈卷一．原道〉卻清楚指出：

> 萬物有所生，而獨知守其根；百事有所出，而獨知守其門。故窮無窮，極無極；照物而不眩，響應而不乏，此之謂天解（即知曉天然的道理）。

人們身處於龐大而複雜的現代社會，要找出應對的辦法，可從《淮南鴻烈》得到啟示。這裏用廣闊的事物把人與社會的事件聯繫在一起，提醒人要回歸大道一體的親密關係，並要明白萬事萬物的根本在於「道」。當面對百事變遷時，要懂得守着門戶，即抓緊道的原則作為行為的指引，從而解決現代人面對的大量困擾。

此外，〈卷五・時則〉又提到：

> 繩者，所以繩萬物也；準者，所以準萬物也；規者，所以員萬物也；衡者，所以平萬物也；矩者，所以方萬物也；權者，所以權萬物也。

「規、矩、準、繩、權、衡」是六種規範標準，很多人就認定規矩準繩是科學的標準，於是堅持個人的價值判斷。然而《淮南鴻烈》卻提示現代人，不可單一使用客觀科學的標準，而要因應時間和空間，兼顧當時社會的大眾公義價值，權衡各方面的相關情況，並作出恰當的調整和配合，以得出最合適的選擇。

另一方面，現代人忽略保養心身健康、修煉養靜的方法，同時又面對林立的商品，以及種種引誘人們盡情吃喝玩樂的營銷廣告，結果導致精神消耗。人們浪費金錢之後，又拚命賺錢，耗費了精神健康。在〈卷七・精神〉中說：

靜則與陰俱閉，動則與陽俱開。精神澹然無極，不與物散，而天下自服。故心者，形之主也；而神者，心之寶也。形勞而不休則蹶，精用而不已則竭，是故聖人貴而尊之，不敢越也。

這裏道出了古今人們的狀況，以及聖人如何避免「蹶」與「竭」。現代人必須反省一下養靜修煉的功夫有沒有現代的價值，以及精神的價值與物質帶來的短暫快樂，哪一種有較高價值？

除了修養心身外，《淮南鴻烈》中有關君主與臣下關係的思想，也對現代人在管理公司或待人接物時有借鑒的價值。〈卷九．主術〉說：

夫人主之聽治也，清明而不闇，虛心而弱志。是故羣臣輻湊竝進，無愚智賢不肖，莫不盡其能。

現代教育水平不斷提高，管理人員大多都有很高的學歷，不過人總有弱點，視野上或許會有所疏漏，故此公司的總裁或總經理必須「聽治」，多聆聽各方面的意見，保持清明的心境，虛心請教老前輩的意見，切忌恃才傲物；此外，也不可隨便顯露個人的觀念和計劃，應先讓下屬表達不同的見解，「無愚智賢不肖」，不計較他以往是智是愚，對事不對人，因為下屬隨時會有最優秀的方案。

最後，〈卷一．原道〉說：「是故天下之事不可為也，因其自然而推之；萬物之變不可究也，秉其要歸之趣。」這裏提醒人必須細心觀察事物的「自然」進化過程，以了解事情發展的結果。人類的智慧，永遠都不可能徹底明白萬物改變的機制，人只須讓事物自然地繼續演變，以了解未來發展的趨勢，這樣才更為重要。

《顏氏家訓》導讀

辨時俗之謬，述立身之法，育通識之才

復旦大學中國現當代文學博士，
任教於中山大學南方學院
李小杰

宋人陳振孫在《直齋書錄解題》一書認為《顏氏家訓》：「古今家訓，以此為祖。」[1]的確，歷代統治者對《顏氏家訓》非常推崇，後世廣為徵引，反覆刊刻，《顏氏家訓》可謂影響深遠。故此，《顏氏家訓》的研究也有不少，可分為教育思想、倫理道德、版本和文論研究四種。大陸方面以研究教育及家庭倫理為主，自八十年代迄今有四十多篇，大多對顏之推的教育方法持認同意見，認為《顏氏家訓》對現代教育有參考價值[2]。而臺灣研究者在關注《顏氏家訓》的家庭倫理之餘，還對其版本及資料耙梳作出貢獻。周法高在一九六〇年寫就《顏氏家訓彙注》，尤雅姿在九十年代發表版本和思想方面的研究[3]，交通大學呂棋昌根據不同版本作出顏氏家族的世系表，為後人研究提供方便。日本六朝文學研究素有傳統，其漢學界比較注重《顏氏家訓》中的文學論。林木虎雄早在一九二七年在《中國詩論史》就有所論述，另有林田慎之助的《顏之推的生活與文學論》，興膳宏《六朝文學論稿》中的《顏之推的文學論》。

1 〔宋〕陳振孫：《直齋書錄解題》（上海：上海古籍出版社，一九八七年），頁二〇五。

2 如八十年代有周國光的《顏之推的教育思想》，見《貴州社會科學》，一九八四年第二期；九十年代有揚明的《顏之推的家庭教育方法》，見《華夏文化》，一九九六年第三期。

3 如《顏氏家訓版本研究》《顏氏家訓倫理思想述要》等。

近年中國大陸各大高校的碩士、博士論文仍不脱以上三種套路。雖有如許汗牛充棟之研究，可是對《顏氏家訓》的現代詮釋仍然罕見，實為遺憾。故此，此文從當下社會現象出發，探討《顏氏家訓》在社會道德與通識教育等問題上，對當今社會所起的借鑒作用。

近年，頻聞「怪獸家長」出招[4]，令前線教師百上加斤，過分保護子女的「直升機父母」垂直監視[5]，使自理能力甚低的學生更顯「寶貝」。同時，又驚聞社會上各種食物安全及道德問題。社會種種光怪陸離的現象背後，令人不禁疑問：「這個社會怎麼了？」塑造社會各色人等素質的教育是否出現了問題？

重視家庭教育，是中華民族的優良傳統，我國早在周朝便出現了「家訓」[6]。

4 「怪獸家長」一詞來自日本，意思是屢次對學校提出無理要求、妨礙正常學校管理的家長。香港屈穎妍著有《怪獸家長》一書，探討此現象。屈穎妍：《怪獸家長》（香港：天行者出版社，二〇一〇年）。

5 指某些「望子成龍」「望女成鳳」心切的父母，就像直升機一樣盤旋在孩子的上空，時時刻刻監控孩子的一舉一動。

6 中國家訓的濫觴可追溯至周公家訓。春秋戰國、秦漢、三國也是傳統家訓的發軔期。直至漢代才出現單篇的家訓文獻，如漢代班昭的〈女誡〉、蔡邕的〈女訓〉，東漢馬援的〈誡兄子嚴、敦書〉、鄭玄的〈誡子益恩書〉、王僧虔〈誡子書〉、三國諸葛亮的〈誡子書〉等，其篇幅不長，往往因事生教，一事一議，因而對後世的影響，均無法與顏之推所撰的《顏氏家訓》相提並論。

《顏氏家訓》問世後，歷來為人們推崇。宋代晁公武稱是書：「述立身治家之法，辨正時俗之謬，一訓子孫。」明人傅太平在其刻印本〈序〉說：「蓋〈序致〉至終篇，罔不折衷古今，會理道焉，是可範矣。」清人趙曦明在《抱經堂叢書．顏氏家訓．跋》中，譽其為：「苟非大愚不靈，未有讀之而不知興起者。」無論是「立身治家之法，辨正時俗之謬」，「罔不折衷古今，會理道焉，是可範矣」，還是「讀之而不知興起者」都把家庭教育放在「修齊治平」這個至高位置，與當代家長以「消費意識」要求學校包辦學生升學操行的觀念，迥然不同。**《顏氏家訓》在今日的意義，不僅僅是規範世人，振奮人心，更重要的是向世人展示家庭對道德與教育的主動承擔。**

一、道德的荒原：以無恥對抗無恥

「這是最好的時代，這是最壞的時代」。中國過去五十年發生了不少匪夷所思之事，追本溯源，多言文革十年動盪對中國倫理破壞甚巨，流弊影響至今。季羨林在《牛棚雜憶．序言》反思：「這些壞人比好人有本領，『文化大革命』中有一個常用的詞兒：變色龍，這一批壞人就正是變色龍。……我甚至懷疑，今天我們的國家和社會，總起來看，是安定團結的，大有希望的。但是社會上道德水準有問題，許多地方的政府中風氣不正，有不少人素質不高，若仔細追蹤其根源，恐怕同十年浩劫的餘毒有關，同上面提到的這些人有關。」[7] 如今大陸有「不是老人變壞了，而是壞人變老了」之說，正是針對這代人而言。[8]

最近幾年，處處可見中國復興的成績；同時也發生了不少顛覆中國人傳統道德倫理之事，如不攙扶倒地老人，二代的囂張跋扈炫富等。有人說這是道德最敗壞的時代。於是，不少人選擇以無恥對抗無恥。他們認為只有更無恥，才符合這個「過把癮就死」的時代。人們開始把責任都歸咎於羣體，越來越多的人淪為「烏合之眾」[9]，

7 季羨林：《牛棚雜憶．序言》（北京：外語教學與研究出版社，二〇一〇年）。

8 季羨林在《牛棚雜憶．序言》認為反省不夠，不無擔心後代可能受到的影響：「這場空前的災難，若不留下點記述，則我們的子孫將不會從中吸取應有的教訓，將來氣候一旦適合，還會有人發瘋，幹出同樣殘暴的蠢事。這是多麼可怕的事情啊！今天的青年人，你若同他們談十年浩劫的災難，他們往往吃驚地又疑惑地瞪大了眼睛，樣子是不相信，天底下竟能有這樣匪夷所思的事情。他們大概認為我在說謊，我在談海上蓬萊三山，『山在虛無縹緲間』。雖然有一段時間流行過一陣所謂『傷痕』文學。然而，根據我的看法，那不過是碰傷了一塊皮膚，只要用紅藥水一擦，就萬事大吉了。」

9 法國學者古斯塔夫．勒龐指出個人一旦融入羣體，他的個性便會被湮沒，羣體的思想便會佔據絕對的統治地位，而與此同時，羣體的行為也會表現出排斥異議，極端化、情緒化及低智商化等特點。進而對社會產生破壞性的影響。見古斯塔夫．勒龐：《烏合之眾：大眾心理研究》（北京：中央編譯出版社，一九九八年）。

採取「以無恥對抗無恥」這種軟弱的舉動來對抗冷漠和釋放慾望。

或許，我們對比顏之推所處之時代，再反省自身有沒有理由將道德的荒原完全歸咎於時代。

顏之推身處一個狼煙四起、兵連禍結的戰爭年代。南北朝兩百年間，中國共出現九個王朝，分別是北朝的北魏、東魏、西魏、北齊、北周；南朝的宋、齊、梁、陳。臣廢君，子弒父，社會動盪不安，人民流離失所。歷經三朝，同樣身為官二代的顏之推不但沒有以門第自矜，反而勘破了時代的重重迷霧，仍用傳統儒學的忠、孝、仁、義和中庸之道來「提撕」子孫，教化家庭成員修身齊家。

顏之推（五三一—約五九五），字介，原籍琅邪臨沂（今山東省臨沂市），出生於書香門第。西晉末年，九世祖顏含隨琅琊王司馬睿南渡，是「中原冠帶隨晉渡江者百家」之一[10]。至其祖父顏見遠，因隨南齊的南康王蕭寶融出鎮荊州，舉家從金陵遷居江陵。《梁書．文學傳》稱顏見遠「博學有志行」，而且在梁武帝蕭衍代齊之後，「乃不食，發憤數日而卒」。顏之推的父親顏協，曾任湘東王蕭繹的王國常侍等職，亦有「博涉羣書，工於草隸」之譽。由此可見，顏之推家族不但世代為官，且屬僑姓

10 顏之推〈觀我生賦〉自注。

高門之列。

顏之推自幼好學，博覽羣書，辭采華茂，深為梁湘東王賞識，十九歲就被任為湘東王國左常侍。梁亡，仕於北齊，歷二十年，累官至黃門侍郎。公元五七七年，北齊為北周所滅，他被徵為御史上士。五八一年，隋滅北周，他又於隋文帝開皇年間，獲召為學士。顏之推自歎「三為亡國之人」[11]，身仕於四朝，可謂屢經世變。但他在晚年回首過去，撰寫《顏氏家訓》之時，不但沒有傳授厚黑術，反而着重以儒家的倫理道德規範教育子孫，綜觀《家訓》全書，除〈序致〉篇外，從〈教子〉至〈終制〉，涉及以家庭為依託的人的一生，包括倫常關係、風操人格、學習文章、實際應務、養生歸心、音辭雜藝諸多方面，但儒學的「修齊治平」的理想始終貫徹在具體的日常生活道德實踐中。

有人說中國人的傳統道德價值是建立在熟人社會下的恥感文化[12]。顧名思義，所

11 梁建文帝大寶二年（五五〇），侯景叛軍攻陷郢州治所夏口，顏之推平生第一次成為俘虜，承聖三年（五五四）攻陷江陵，梁元帝被俘殺，顏之推再次被俘，遣送西魏。隋文帝取代北周後，顏之推被太子召為學士。

12 「恥感文化」，美國人類學家露絲．本尼迪克特在《菊花與刀》一書給日本文化類型下的定義，是在區別於西方「罪感文化」的基礎上概括出來的，恥感文化也是中國傳統文化的重要內容之一。

謂恥感文化便是注重廉恥的一種文化心態。這種文化的特徵是非常在乎別人怎麼說、怎麼看、怎麼議論。故其行為被諸多的外在社會因素和標準規範所制約、支配。儒家孔孟的思想其實蘊含了恥感形成的倫理道德體系。如《論語．憲問》中說：「子曰：『君子恥其言而過其行。』」《論語．為政》言：「道之以政，齊之以刑，民免而無恥；道之以德，齊之以禮，有恥且格。」[13]不論是孔子提倡以道德來引導，以禮法來約束人們，還是孟子以「羞惡之心」作為人與生俱來的特性，兩者均是儒家倫理道德體系對人所形成的約束。

然而，現代社會打破了以往由大家族組成的規範（Norm）社會，逐漸演變為以小家庭為單位的個人主義社會。羣體社會規範的湮滅，個人主義的興起，標誌了儒家文化形成的恥感文化的坍塌，世俗的道德觀念因而受到衝擊，讓「以無恥對抗無恥」

13 體現恥感文化的還有：「邦有道，貧且賤焉，恥也；邦無道，富且貴焉，恥也。」把個人的貧賤榮辱和國家興衰存亡聯繫起來，把國家的振興看作自己的責任。這種聯繫體現了士大夫的使命感和擔當精神。孟子則把「羞惡之心」作為與生俱來的人的特性，視之為人之為人的依據。「無羞惡之心，非人也。」明末清初思想家顧炎武也十分重視恥，認為聖人之道就是要「博學於文」，「行己有恥」。他說：「恥之於人大矣，不恥惡衣惡食，而恥匹夫匹婦之不被其澤。」強調要把抽象的道德原則和框框轉化為具體實踐，要使人們受其恩澤。總之，儒家把恥感同道德聯繫起來，認為恥感是成就道德理想的基本環節。

這類去恥感化的文化有了生長的土壤。西方雖然也經歷了現代化的進程，但是他們仍有基督宗教這種超越的價值系統作為最後一道防火牆，中國由於沒有類似的基督教神聖世界，在物質主義和經濟發展面前，步步倒退，陷入道德的滑坡。

顏之推身處政權更迭頻繁的時代，沒有抱怨身處的環境，入仕北齊後，他對自己的行為時感愧怍，寫有「未獲殉陵墓，獨生良足恥」[14]、「小臣恥其獨死，實有愧於胡顏」等句子[15]，顯示出內心的愧疚與沉痛。不過，顏之推並沒有從此沉淪不起，反而「知恥而後勇」，在晚年把自己的經歷及思想沉澱成一本有益子孫後代的書，足為後世榜樣。

二、錯位的教育：拚爹還是拚實力？

顏之推時期，自東漢發展而來的門閥制度已臻頂峰，家族如清河崔氏、清河盧氏已歷經數朝。東晉南朝的門閥世族為了掌握社會往上流動的資源，竭力維護士庶之間

14 顏之推：〈古意〉。

15 顏之推：〈觀我生賦〉。

的界限。大多數的世族子弟傲視一切，處處標榜自己門第的高貴與優越，不屑俗務，對於朝代更替不甚留意，唯獨百般維護家族的門第與利益。

南北朝講究出身，現代人依靠父蔭。兩者同樣是拚爹的時代。顏之推家也是「中原冠帶隨晉渡江者百家」之一，屬於僑姓高門之列。惟顏之推與今日中國富豪不一樣——他們為兒女攢下偌大的身家，希望子孫可以一世無憂，富貴傳家。顏之推反其道而行之，所謂「授人以魚，不如授人以漁」，他特別重視對子孫後代的教育。

當代中國教育家，言必稱歐美。甚少人知道，中國歷史上，其實並非沒有本土的教育思想。只是中國的教育思想，缺乏系統的闡述，且往往散見於不同的典籍。《顏氏家訓》為當中相對較為系統的著作。在《顏氏家訓》之前，雖有王僧虔〈誡子書〉、三國諸葛亮的〈誡子書〉等文，但均以規範道德言行為主，除了散見儒家經典的片言隻語外，真正觸及教育理論的絕無僅有。至於《顏氏家訓》則是相對較系統化的著作，它釐定及肯定了家長在孩子教育上的責任，並進行了較完整的闡述。

中國古代的典籍，早已開始討論胎教的重要性。《大戴・禮記》:「胎教之道，書之玉板，藏之金匱，置之宗廟，以為後世戒。」胎教之法，顧名思義，胎教就是對未出世的胎兒實施教育。中國古代胎教之法要求婦女確知自己懷孕之後，就要別處靜室，閉門而居，據説這樣才能產下生而聰慧、秉性正氣、長相端正的嬰兒。雖然這種古代的胎教有點故弄玄虛，甚至近乎巫術，不過，近年科學卻證實了胎教確實有獨特的功效。現代醫學、心理學家和教育家認為，所謂對胎兒實施教育，其實是刺激胎兒的感覺器官，促使其迅速發育成熟，增進對事物反應的敏感性。胎兒在三個月時，人形已基本「塑造」成功，各器官包括大腦和神經系統已分別形成，對母親的情緒波動和外界的刺激已有反應。

《大戴禮記．保傅》中曾這樣闡述胎教的出發點：「正其本，萬物理，失之毫釐，差之千里」。《顏氏家訓．教子第二》：「古者，聖王有胎教之法：懷子三月，出居別宮，目不斜視，耳不妄聽，音聲滋味，以禮節之」，顏之推認為平民百姓縱然不能實施嚴格的胎教，也應出生後儘早教育，「當及嬰稚，識人顏色，知人喜怒，便加教誨，使為則為，使止則止」，認為家長必須在嬰兒早期便加以教誨。

孩子出生後，用什麼方法教導呢？顏之推提出與後世西方教育家相似的教育理論——寓慈於嚴。寓慈於嚴即寓慈於嚴格教育之中，父母教子不失愛心，愛子不忘嚴教，這是古代教育家推崇的教子法。《顏氏家訓》說：「父母威嚴而有慈，則子女畏慎而生孝矣。吾見世間，無教而有愛，每不能然。」[16]

16 《顏氏家訓．教子第二》。

寓慈於嚴的教育方法暗合現代兒童教育思想中的「恩威型」。現代育兒風格大致分為四種類型：恩威型、專制型、縱容型和疏忽型[17]。大量研究表明育兒風格對兒童和青少年的學業成績有影響。優秀的學生有高度溫暖、嚴格管理、允許兒童心理自主、積極介入學校教育的父母。[18]這類父母多為恩威型父母。故此，教育學家推薦父母採用這種恩威型的教育方法。恩威並重，「寓慈於嚴」，慈嚴並重，既嚴格教導，又慈愛呵護，故這種恩威型是對孩子最有利的一種教養方式。如父母過度放縱孩子或過度專制，可能會把子女養成不知進退，難於適應人類叢林法則的怪獸，最後貽害子孫。

17 四種類型，加上兩個緯度，定型為：恩威型（高要求、高應答），專制型（高要求、低應答），縱容型（低要求、高應答）和疏忽型（低要求、低應答）。見 Baumrind,D(1991). "The influence of parentingstyle on adolescent competence and substance use." *Journal of Early Adolescence*,11:56-95.

18 Chapel,M S, Overton, WF(1998). "Development of logical reasoning in the context of parental style and test anxiety. *Merrill-Palmer Quarterly*, 44(2):141-156.

三、多元與專業：打造通識專才

西方的柏拉圖在兩千多年前提倡「七藝」：文法、修辭、邏輯、算術、幾何、天文及音樂，而中國的孔子約在同一時期提倡「六藝」：禮、樂、射、御、書、數。近年，小學至大學皆設立通識科，這種教育理念源於十九世紀，目的是培養學生獨立思考的能力、且對不同的學科有所認識，能將不同的知識融會貫通，最終培養出完全、完整的人。

漢初罷黜百家，獨尊儒術，中國文化由多元轉趨單一。惟魏晉南北朝恰好是王綱解紐的時代，造就了中國歷史上這段思想自由的時期。東漢末年以來，社會矛盾的日益加深，社會秩序急劇動盪，上層的統治者無暇鉗制人們的思想。一度在意識形態上具有支配地位的儒學，失去了統治地位。知識分子藉機跨越儒學的藩籬，在思想理論上別有發展。葛洪在《抱朴子》稱當時士人「皆背叛禮教而從肆邪僻」[19]。而《顏氏家訓》也沒有專於一時一事，反能容納三教九流，描寫南北差異，書中蘊積多元文化元素歷來為人看重。

19 見《抱朴子・刺驕》。

與當時一般的士大夫不同，顏之推既有才華，又注重實際，其勤奮嚴謹的治學精神非常值得稱道。他善於觀察社會萬象，勤於積累資料，無論在建康、江陵，還是在鄴下、關中，對於經歷的南北各朝朝野士庶中的各類人物、各地風物俗尚，凡所見聞都能筆錄整理，結合文獻作出必要的考證。

《顏氏家訓》全書共二十篇，內容廣泛，知識豐富。首篇〈序致第一〉說明全書宗旨，末篇〈終制〉叮囑後事，除〈歸心第十六〉篇崇佛外，其餘十七篇，可分為「家庭倫理」「品德智慧」「思想方法」「養生處世」和「其他知識」，題材多樣。

當中〈雜藝第十九〉篇分論書法、繪畫、射箭、卜筮、算術、醫藥、音樂、投壺、博弈、遊藝等諸多方面。作者指出當時知識分子對琴棋書畫，醫卜星相，必須略知一二，因為「尺牘書疏，千里面目也」，書法代表人的臉面。身為文人雅士，必善一門樂器，以陶冶性情，「猶足以暢神情也」。此外，醫學為實用知識，可用於救急，如能微解藥性，「居家得以救急，亦為勝事」。另一方面，顏之推一生歷經刀光劍影，故唾棄那些裝飾性的「弱弓長箭」，反而講究實用性，「弧矢之利，以威天下，先王所以觀德擇賢，亦濟身之急務也」。

不過，對於這些技藝的掌握程度，顏之推有自己的見解。他在〈雜藝第十九〉一篇說：「真草書跡，微須留意」；又言：「談棋亦近世雅戲，消愁釋憒，時可為之。」

他認為一個合格的文人必須掌握這些技藝，但不應花太多時間，只可偶而為之，因為人的精力有限，應該學有專精。顏之推對實務非常重視，在〈涉務第十一〉中將國家大事分為六種，而一般人只能做好一種：「能守一職，便無愧耳。」

范文瀾稱顏之推為「當時南北兩朝最通博最有思想的學者，經歷南北兩朝，深知南北政治、俗尚的弊病，洞悉南學北學的短長，當時所有大小知識，他幾乎都鑽研過，提出自己的見解。」[20] 作為一本家訓，論及如此龐雜的內容，既論雜藝，又論風操和實務。顯然作者不是為了炫耀知識，而是希望提撕子孫，既要掌握知識，也要擁有相稱的節操；既要家庭和睦，也要教育好後代。選擇這樣的生活方式，並以此為起點，便是對人對己負責了。

不過，此書寫於一千多年前，對今人來說不可避免有些不合時宜的消極內容。比如根深蒂固的男尊女卑、歧視婦女的觀念；或是宣揚迷信，以及明哲保身的思想等。顏氏後裔顏嗣慎在明萬曆刻本跋中說：「觀者誠能擇其善者，而各教於家，則訓之為義，不特曰顏氏而已。」故此，閱讀《顏氏家訓》也應擇善而從之。

20　范文瀾：《中國通史簡編》（香港：商務印書館，二〇一〇年）。

《顏氏家訓》主要刊本有宋淳熙七年（一一九七）台州公庫本，明萬曆甲戌（一五七四）顏嗣慎刻本和程榮《漢魏叢書》本，清康熙五十八年（一七一九）朱軾評點本、雍正二年（一七二四）黃叔琳刻節鈔本、乾隆四十五年（一七八〇）盧文弨刻《抱經堂叢書》本、文津閣《四庫全書》本。王利器於一九五八年撰寫了《顏氏家訓集解》，匯聚近世諸家成果，校勘、考證、辨偽、增補，為近代的《顏氏家訓》研究奠下基礎。

《圍爐夜話》導讀

帝制末期的秩序憂慮與省思
——王永杉及其《圍爐夜話》

臺北大學歷史學系助理教授
何淑宜

相較於晚清之後各方面情勢的劇烈變動與各式新事物、新觀念的輸入，清代中葉的歷史發展顯得較為沉寂，也較少引起關注。不過，在這個時期中，社會中躁動的因子其實隨着發生於帝國邊區的各種動亂漸次浮現，少數敏感的知識分子隱然感受到他們身處於一個將變未變的時代。如何在看似變動不大，實則秩序的根基逐漸被腐蝕的世界中找到安頓身心的憑藉，是當時部分士人的重要工作。《圍爐夜話》一書正體現了上述的關懷及思考。

《圍爐夜話》的作者王永彬生於乾隆五十七年（一七九二），咸豐四年（一八五四）纂成《圍爐夜話》。該書初時的流傳狀況並不清楚，不過據民國三十六年（一九四七）重刊者宋希尚（一八九六—一九八二）自述發現該書的經過，顯然此書在清末民初以某種形式流傳於社會上。[1] 另外，由於王永彬一生未離開過家鄉湖北枝江，屬於地方型士人，他的生平事跡也隱而不彰，直到近年枝江《王氏宗譜》的發現，[2] 其中相關的記載使我們得以對王永彬其人其事有進一步的認識。

1 （清）王永彬：《圍爐夜話》（臺北：宋希尚，一九五六年），宋希尚〈跋〉，頁三三。

2 王洪強、周國林：〈族譜中關於《圍爐夜話》作者王永彬的資料考述〉，《文獻》，二〇一二年第一期，頁一三八—一四四。

正如作者序言中所說，該書是在「心有所得」，「隨得隨錄」的情況下完成，因此書中的二百二十一則格言，並無任何系統。雖然如此，但是卻最忠實地反映出清代中後期一個地方文人對時勢與個人生命的思索，而之後該書不斷地重刻、出版，也讓這本書有了超越作者所處時空的其他意義。《圍爐夜話》中所呈顯的想法不一定完全適用於現代社會，但是閱讀經典的意義正在於透過理解書籍產生的時代環境，審視與經典相關的作者、刊印者、讀者如何觀察時代與社會，如何調處自身跟社會的關係，進而錘鍊自己面對多變環境的能力，這也是本書再版最重要的價值。

世紀末的此時，人已經很難獨善其身，安然處於社會之上，而在變動快速的現代世界中，更加難以用一套固定的知識或價值系統框限人們的思想。因此，經典的讀法也變得更為多樣化。經典就像一面面的鏡子，培養我們「設身處地」思考的態度，讓人超越個人生活經驗的限制，藉由討論過去的人面對各種公共或個人問題的方法，思索現在社會的難題，尋求解決的良方。以下的解讀將分別從作者的生活世界與書的生命兩個層面切入，希望以此為引，提供一條理解本書的門徑。

一、時代、環境與個人

王永彬（一七九二—一八六九），湖北枝江縣人，終其一生以枝江縣為主要活動場所，是一個地方型文人。王氏出生於行商走販之家，乾隆年間其父王盛才因為經商從湖北咸寧遷居枝江石門村。王永彬年少時即面臨修習儒業、參加科舉或是隨父親外出商販的生涯抉擇，幾經懇求，他終於得以繼續讀書進學。不過，王永彬的科考之路並不順遂，最高的功名是在道光二十五年（一八四五）以恩貢生名義獲得候選教諭的資格，而擔任塾師與協修地方志成為他賴以維生的重要憑藉，譬如他曾參與編纂同治年間刊印的《枝江縣志》。[3]

雖然王永彬的功名不顯，不過，他卻是鄉里社會的領導人物。咸豐初年太平軍侵擾湖北期間，他曾被推為枝江西鄉團練團總，負責集訓壯丁，維持鄉里秩序。此外，他十分重視轉移鄉里風氣的工作，曾以俚語形式編纂〈醒世歌〉一篇，教導村莊婦孺。王永彬死後數年，枝江縣學生員曾呈請立其為「鄉賢」，雖然沒得到朝廷允許，

3 〔清〕查子庚修：《同治枝江縣志》，收入《中國地方志集成．湖北府縣志輯》（南京：江蘇古籍出版社，二〇〇一年），第五十三冊，〈重修枝江縣志姓氏〉，頁1b。

但也由此可見鄉里社會對王氏一生的評價。[4]

王永彬的生平與其他明清時期的士人相較，並不特殊，然而正因為他不是特立獨行的人物，更能突顯時代、環境因素在他身上刻畫的痕跡，以及當時的一般士人面對社會變動所做的反應。因此，也更有助於讀者理解《圍爐夜話》書中的概念，以及地方士人在價值觀念傳導過程中所扮演的角色。

王永彬的出生地——枝江石門位於長江南岸，是湖北西南山區進入江漢平原的門戶，憑藉長江方便的水運，以及從西南山地流淌而出，在石門北方與長江交匯的清江水運，在清代，成為湖北貨物運輸與人口流動的重要交會點。康熙初年，人口較稀、山林資源豐富的鄂西南山區吸引鄰近的荊州、湖南、江西移民入山墾殖，雍正年間改土歸流之後，移民數量大增，到乾隆年間達到高峰。[5]

在這些移民中湖北省內部的人羣移動不在少數，同時，遷徙的人口中除了入山墾殖的農民之外，也包括互通有無的商販，例如恩施縣的移民中，就有不少是「荊楚

4 關於王永彬生平的記述，參見王洪強、周國林，〈族譜中關於《圍爐夜話》作者王永彬的資料考述〉，頁一三八－一四四。

5 張建民：《湖北通史・明清卷》（武漢：華中師範大學出版社，一九九九年），頁二五二。

吳越之商，相次招類偕來」。[6]水運是中國南方來往流動的人口最方便的交通渠道，枝江由於長江、清江二河交會，是移民進入鄂西南山區交通路線的行經之地。枝江所產的棉花、[7]江漢平原的米糧，以及西南山地的森林、山產資源，吸引商人在此地活動，甚至定居。

顯然王永彬的父親王盛才也在乾隆年間這波人口西移的行列中，而從他落腳長江沿岸的石門村，更可見其職業身份（商人）與定居地之間的關係。由於資料的限制，我們不容易判斷王盛才商業經營的規模，但是可以確定，**成長於商人之家的王永彬對於身邊的商業世界並不陌生，而其家後來遭逢變故、家道中落的經歷，讓他對於財富的快速變化體會更深。此外，不順遂的仕途也讓他對功名利祿有另一層次的思考。因**

6 〔清〕多壽修：《同治恩施縣志》，收入《中國地方志集成．湖北府縣志輯》，第五十六冊，卷七，〈風俗〉，頁8a。

7 據學者研究，枝江一地產棉量雖不甚豐，但棉花卻是該地的主要輸出品之一。《枝江縣志》即記載：「邑產棉……畝地以百觔計。……賈人多於董市、江口買花入川，呼為楚棉。」〔清〕查子庚修，《同治枝江縣志》，卷七，〈賦役志下〉，頁7b－8a。董市、江口流經枝江縣的長江北岸，順江而西，會經過王永彬家族定居地石門村附近的白水鎮（長江南岸），之後可抵四川。相關研究參見張家炎，〈移民運動、環境變遷與物質交流——清代及民國時期江漢平原與外地的關係〉，《中國經濟史研究》，二〇一一年第一期，頁五七－六六。

此，關於如何處身富貴之境，或是如何面對困窮之局，就成為《圍爐夜話》中重要的主題，譬如他說「困窮之最難耐者能耐之，苦定回甘」；又說「富貴易生禍端，必忠厚謙恭，才無大患；衣祿原有定數，必節儉簡省，乃可久延」。而財富利祿對個人的影響表面上看似只繫於個別人的作為，不過深一層看也與時代環境息息相關，所以他說：「以有財處亂世，其累尤深。」

從《圍爐夜話》的條目來看，王永彬對於財富利祿倏忽來去與個人處境的想法，並不完全新鮮，大多能在之前的時代中尋得類似的說法。不過，如果考慮到他所生存的時代，那麼書中不斷出現的「驕奢」「淫靡」「末俗」「亂世」等詞語，與另一組詞彙「安貧」「名節」「名教」「濟世」「經濟」，就不只是先賢勸誡格言的重複，而有彼此對應的關係，也反映出他對當時社會的觀察，以及對他所設定的讀者——士人的期許。

乾隆末年之後在社會經濟繁榮發展的表象下，危機卻也潛滋暗長，而王永彬居住的湖北枝江附近正是騷亂的中心地。湖北、湖南、四川、陝南山區在十八世紀之後包納了為數眾多、來自四方的移民人口，這幾個位處帝國西南邊區的省份也成為社會氣氛極為浮動，地方秩序亟待重整的地區。

嘉慶元年（一七九六），白蓮教徒聶傑人、張正謨起事於枝江、宜都交界的溫泉窯，釀成此後騷擾西南五省，延續八年之久的川陝楚白蓮教亂。[8] 另外，咸豐初年太平天國的軍事行動對枝江及鄰近州縣也產生極大的影響。咸豐二年（一八五二）太平軍進軍湖南岳州，一路北上期間，分兵擾及兩湖交界的監利縣；咸豐四年（一八五四）太平軍再度攻打岳州，又犯及湖北南部的江陵、松滋、東湖等地，鄰近縣份的白蓮教徒、土賊等也乘機而起。此後到同治年間，湖北南部數縣即籠罩在白蓮教徒、土匪、無賴甚至外地鄉勇四處為亂、流竄，擾攘不安的情勢中，這些勢力往往互相援引，因此只要一地發生動亂，鄰縣也常常隨之震動。同時，根據同治《枝江縣志》記載，從乾隆中期之後，該地幾乎每隔三、四年即發生規模較大的水、旱、雹災，造成米價飛騰，人民饑饉的現象。[9]

8 〔清〕查子庚修：《同治枝江縣志》，卷七，〈賦役志下〉，頁十七。

9 以上關於湖北南部各省動亂與天災的概況，詳見〔清〕查子庚修：《同治枝江縣志》，卷七，〈賦役志下〉，頁 18b — 19a；卷二十，〈雜志〉，頁 6b — 10a；〔清〕倪文衛等修：《光緒荊州府志》，收入《中國地方志集成・湖北府縣志輯》，第三十七冊，卷二十六，〈兵事〉，頁 30a — 32b；〔清〕呂縉雲等修：《同治松滋縣志》，收入《中國地方志集成・湖北府縣志輯》，第四十八冊，卷六，〈武備志〉，頁 13a — 20a；〔清〕金大鏞修：《同治續修東湖縣志》，收入《中國地方志集成・湖北府縣志輯》，第五十一冊，卷十五，〈軍政下〉，頁 29a — 30b。

王永彬一生的大部分時間幾乎都籠罩在嘉慶初年到咸豐年間的這幾波天災、人禍之中，他與地方上的士紳深刻地感受到由於無法根植於土地的人羣流動頻繁，以及官方力量的貧弱，唯有以保甲、團練組織良民，聯合互保，並施以戰技訓練，「由一團以至數十團、數百團、千萬團」，進一步「合天下州郡皆聯為一體」，才能遏阻各種發生於地方內部的動亂因子。[10]因此，他擔任團總，積極參與鄉里的團練工作。

不過，王永彬覺得除了在地方防衛上組織鄉民，更為拔本塞源的方法應是「挽救人心」。這樣的想法顯然是當時不少士人不約而同的主張。由於清代中後期頻繁發生於帝國腹裏邊緣的動亂，不僅影響地方士人的生活，也動搖帝國根基，因此引起其他地區士人的關注，敏感的知識分子感受到社會上有一股浮動、不安的氣息，也逐漸體會到必須有所作為的壓力。他們針對時局提出的各式意見，幅度有大有小，範圍涵蓋個人修身到社會、國家事務的檢討，從學術文化到政治革新，期望從方方面面找到遏止情勢惡化的藥石。[11]

10 〔清〕查子庚修：《同治枝江縣志》，卷七，〈賦役志下〉，頁19b—20b。

11 有關清代中葉士人時代關懷的討論，參見唐屹軒：〈清嘉道咸時期士人的時代關懷〉，臺北：政治大學歷史系博士論文，二〇一三年。

這個時期的士人對如何挽救時局有一個相近似的意見，就如湖北監利縣士人王柏心（一七九九—一八七三）所說：「人心以維世宙，學術以維人心。方今政體莫急於此。」[12]他們認為社會、政治秩序的維持仰賴於人心之正，學術的目的則在於傳揚人們必須遵守的準則（大經大法），確保人心不亂。因此，以當時的情勢而言，為官行政的首務是重建標準，引導人心、風俗。這套想法中，人心、學術、政體這三個關鍵詞不是分立的概念，而是環環相扣、彼此相關。而解決問題的根本辦法在於士人以身作則，並且積極關切社會，進而改變世風。[13]

上述主張不脱傳統中國儒家政治思想中強調士人為社會責任承擔者的思考方式，它在中國歷史的演進中不曾中斷，只是隨着不同的時代、情境，在士人心中有濃淡輕重的差別。顯然，在清代中後期，學術與世風密切關連的想法，更為迫切，更引起士人的關注，賀長齡（一七八五—一八四八）編纂《皇朝經世文編》（道光六年刊印）

12 〔清〕王柏心：《百柱堂全集》，收入《清代詩文集彙編》（上海：上海古籍出版社，二〇一〇年），第六〇三冊，卷三十二，〈岐亭三祠碑記〉，頁10b。

13 關於傳統中國政治思想中士人與社會秩序建立之關係的討論參見陳弱水：〈「內聖外王」觀念的原始糾結與儒家政治思想的根本疑難〉，《公共意識與中國文化》（臺北：聯經出版公司，二〇〇五年），頁三一一—三五一。

是最為人熟知的例子；王永彬同鄉人王柏心纂成《樞言．續樞言》（道光十六、二十四年刊印）倡言「禁末」「導俗」「防侈」，[14]也表現了同樣的關懷。王永彬《圍爐夜話》中關於學問與世風的格言，更是這股思潮的體現。雖然《圍爐夜話》設定了一種寒夜圍爐，與子孫閒話為人處事道理，有如敘述家訓的情境，不過，**書中的大部分內容其實是針對士人發言，講述為士之人如何修身、如何面對困窮的處境、如何謹守處於鄉黨的分際、如何教育子弟、士人的責任，以及學問與經世的關係等。他以格言的形式，表達地方文人的現世關懷**。譬如他雖然對「風俗日趨於奢淫，靡所底止」的情況感到憂慮，不過，還是認為士人可以有所作為，他說：「盛衰之機，雖關氣運，而有心者必貴諸人謀」，所以他強調：「性命之理，固極精微，而講學者必求其實用」，以及「治術必本儒術」。

為求挽救世風，以下兩方面士人從事的工作，別具意義，一是更加嚴謹的個人修身，另外則是編輯勸諫類書籍。清代中後期不少接受理學思想的士人開始實行

14 〔清〕王柏心：《百柱堂全集》，卷三十，〈樞言．續樞言〉，頁5a-20b。

一種強調日常生活更為節儉、對內心的省察更為嚴格的生活方式。[15] 譬如道光八年（一八二八）擔任提督湖北學政的賀熙齡（一七八八—一八四六），除了在掌教期間倡導「有體有用之學」，晚年回家鄉長沙後，更刻意布衣蔬食，與友人共訂〈八篇約〉，約定節制飲食，並根據明末洪應明的《菜根譚》一書，將書房取名為「菜根香」。[16] 在《圍爐夜話》中，王永彬對個人修養也表現出同樣的態度，他強調節慾的重要，認為「飲食男女，人之大欲存焉，然人欲既勝，天理或亡」，因此主張「守身必謹嚴，凡足以戕吾身者宜戒之；養心須淡泊，凡足以累吾心者勿為也」，而且這種修身的緊繃狀態沒有假期，也沒有期限，是一生的功課，他說：「檢身心於平日，不可無憂勤惕厲功夫」「人面合眉眼鼻口，以成一字曰苦，知終身無安逸之時」。對自我修養、省察的重視，也影響他對前人思想的解讀，不同於晚明到清代大多數人對王

15 如學者提到清代道、咸年間倭仁等士大夫以修身日記互相規過、省察。參見王汎森：〈近代中國私人領域的政治化〉，《中國近代思想與學術的系譜》（臺北：聯經出版公司，二〇〇三年），頁一七一—一七二。

16 賀熙齡：《賀熙齡集》（長沙：岳麓書社，二〇一〇），《寒香館文鈔》，卷一，〈八篡約〉，頁一一；唐鑒：〈誥授朝議大夫掌四川道監察御史賀君墓誌銘〉，頁二〇四；〈提督湖北學政賀蔗農先生崇祀鄉賢錄〉，頁二〇九。

陽明（一四七二—一五二九）的理解，他更讀出王陽明思想中對自身修養的緊張性，他說：「陽明取孟子良知之說，恐人徒事記誦，而必使之反己省心，所以救末流也」。我們並不能將清代中後期士人修身、節慾的主張，單純視為是在實踐理學理念，對他們來說，修身的最終目的不只是在完善自己，更重要的是以行為救濟言論之窮，同時以己為範來「救世」。

由於強調日常生活中的實行，因此怎麼指引人的行為，以及什麼是這個時期最亟需而適切的行為指引等，成為必要思考的課題。清代中後期大量格言式、人物典範類書籍的刊印，多多少少反應了這樣的風氣。這類書籍大體包括以下幾類：一是先賢語錄或事跡的重新輯錄，如《人鑒》《剿世要法》《洗心篇》《勸善詩集》等。此外，當時也出現許多以《先正格言》為名的名言錄，王永彬就曾輯印《先正格言集句》一書。第二類是仿照家訓形式書寫者，如《圍爐夜話》《牧兒語》。第三類則是重刊宋代以來各種勸諫類書或學規，譬如《菜根譚》《重刊朱子鹿洞遺規》等。

上述書籍的輯錄或刊印者大多功名不顯，主要活動於地方，但是對地方事務十分熱心，例如《洗心篇》的編者楊振聲，僅獲得同治丁卯科舉人的功名，不過長期在家鄉湖南善化主持救嬰社、惜字會；湖南祁陽縣生員徐鍾琅不僅刊佈《先正格言》勸世，更熱衷於在鄉里中講解聖諭，教化百姓；[17]道光年間編輯《先正格言》的松江府生員姜皋長期擔任幕友，對於松江府的農田水利問題極為用心；[18]與王永彬相交甚篤的遠安縣生員周維翰曾任清谿教諭，他在道光末年撰寫《牧兒語》一書，力求以淺近的語言，傳達敦倫教家的道理，希望有助於世道人心。[19]以他與王永彬的熟稔，兩人先後撰寫勸世書籍，恐怕並非巧合。

宋代以來的理學家常有纂輯先賢語錄，錘鍊學問的習慣，譬如晚明關中學者馮從吾（一五五七—一六二七）輯〈先正格言〉體驗身心，之後學術造詣大進。[20]不過，清代中後期地方文人編輯這類書冊則是另有考量，《人鑒》編者田畯菴的想法可為代

17 兩人事跡參見〔清〕曾國荃：《（光緒）湖南通志》（臺北：華文書局，一九六七年），卷一七六、一八六，〈人物〉，頁 26a、40a。

18 〔清〕姜皋等輯：《先正格言》（臺北：漢學研究中心藏道光十五年刊本），〈序〉，頁 1a；〔清〕楊開第修：《光緒重修華亭縣志》（上海：上海書店，二〇一〇年），卷十六，〈人物五〉，頁 39b。

19 〔清〕鄭燡林修：《同治遠安縣志》，收入《中國地方志集成・湖北府縣志輯》，第五十冊，卷四，〈老壽〉，頁 7a；卷六，〈藝文〉，劉子垣，〈牧兒語序〉，頁 18b—20a。

20 〔清〕鄒鳴鶴：《道南淵源錄》，收入《四庫未收書輯刊》（北京：北京圖書館，一九九七年），九輯七冊，卷八，萬斯同，〈馮仲好先生傳〉，頁 8b。

表。對他來說，當時是「名教淩替，風俗薄惡」的世界，怎麼改變？他提出的辦法是：以孝弟、忠信、禮義廉恥的精神為「隄防」、為「藩籬」，而古人的言行就是最適切的楷模。[21] 隄防跟藩籬的說法很明確地表達出，藉由編書、刊書、宣講聖諭、重建地方書院等活動，他們希望將逐漸散亂的社會秩序重新整備起來，而他們心中的理想世界則是以古代經典所傳揚的倫理價值為主要骨幹。試看《圍爐夜話》中所描繪的處事方式，王永彬告誡讀者，應該「和平處事，勿矯俗以為高」，認為「人世險奇之事，決不可為，或為之而幸獲其利，特偶然耳」，因此「凡事謹守規模，必不大錯」。他推崇一種不外顯的人格特質：「樸實渾厚」「謹慎」「不妄為」，如顏淵；相對地，「氣性乖張」「浮躁」「聰明外散」之人則不可取。從上述刊印的各種書籍，可以感受到這批士人急切地尋求救世良方的熱烈心態，而也可以看到他們以回頭向過去找尋資源的方式來對抗社會變化，因此，他們嚮往一個倫理更加謹嚴，秩序更加牢固的社會。

21 〔清〕王柏心：《百柱堂全集》，卷三十三，〈人鑒序〉，頁 1a－2b。

二、書的生命史：《圍爐夜話》的再版

《圍爐夜話》於咸豐四年（一八五四）初刻刊印之後的流傳狀況，由於資料的缺乏不易做完整的描述。不過，該書極可能是以善書的形式流傳在清末民初的社會。民國三十六年（一九四七），青島港工程局長宋希尚無意間在青島海濱的湛山精舍發現該書，宋氏本着其父生平好刊印善書勸俗的習慣，出資翻印該書。[22]這是《圍爐夜話》現代版最早的出版紀錄。山東澇山的湛山精舍由民國初年在北方弘揚佛法的倓虛法師（一八七五—一九六三）所建，用作居士的講道修行之所，宋希尚派任青島期間常與其妻前往該精舍聽法。[23]雖然《圍爐夜話》的各項條目主要體現的是儒家的價值觀念，但是在明清時期儒釋道三教合一的風潮下，原本為佛教或道教徒而做的勸善書，內容隨之擴大，忠孝觀念、陰騭思想、積善消惡、因果報應等想法都包括在內，而社會上大量存在的居士，更是推動善書刊印的主力之一，雖然王永彬書寫《圍爐夜

22 〔清〕王永彬：《圍爐夜話》，宋希尚〈跋〉，頁三三。

23 宋希尚，〈記倓虛上人與我一段因緣〉，收入《倓虛大師追思錄》，網址：http://book.bfnn.org/books3/2161.htm。

話》時設想的對象是士人，但是該書的內容頗為符合應世勸善的精神，因此，被視為善書而加以翻印，並不令人意外。

根據筆者目前所見各種《圍爐夜話》的版本，也可以看到除了現代出版社以心靈小語或生活智慧叢書的形式翻印之外，這本書基本上是以兩種方式流傳，一種是上文所說的善書形式，由臺灣地區各種佛、道教相關機構出版。譬如揚善雜誌社（一九七三年）、天真佛堂（一九八三年，隸屬於一貫道）、嘉義天官財神廟靈聖堂（一九九三年）、圓晟出版社（一九九四年，以出版一貫道書籍為主）、正一善書出版社（二〇〇〇年）、臺中永天宮將軍會（二〇〇七年）等。

另一種方式則是宋希尚以刻印善書的模式翻印後，並贈與其工務局同事，以及同鄉友人，尤其值得注意的是一九四九年宋氏遷來臺灣之後的同鄉與同僚網絡。宋希尚祖籍浙江嵊縣，一九四九年之後，隨着國府遷臺的嵊縣人組成臺北嵊縣同鄉會，常有聚會，聯絡鄉誼。民國四十五年（一九五六），宋希尚再次重刊《圍爐夜話》的底本，就是得自同鄉友人邢契莘（一八八七—一九五七），而少年時跟宋氏共組勤業社的司法院副院長謝冠生（一八九七—一九七一）也出力頗多。[24]宋希尚在重印跋語中提到，由於當時正值「世界道德重整運動」推行之時，重印此書應對「現在世道人心」有所助益。[25]「世界道德重整運動」是二戰前由美國基督教路德會牧師法蘭克・卜克曼（Frank N.D.Buchman）所發起，希望喚起基督徒的社會關懷，藉由道德、精神的再武裝，消弭一切紛爭。一九五〇年代該運動推廣到全球，引進臺灣時，正值反共抗俄的高峰期，道德重整運動成為當時官方推展精神武裝的管道之一。嚴格說來，《圍爐夜話》與道德重整運動雖然都重申道德的重要性，但是兩者的內涵並不相同。前者彰顯的是儒家價值觀，後者則基本上從基督教精神出發，不過，卻在時局的催迫下嫁接在一起。

一九六〇年代到一九七〇年代之間，隨着兩岸關係與外交局勢的緊張，國民政府推展一系列從文化、日常生活層次進行精神動員的運動，譬如一九六六年的中華文化復興運動（《圍爐夜話》在一九六九、一九七三、一九七四年重印）、一九七五年國民黨

24 〔清〕王永彬：《圍爐夜話》，宋希尚〈圍爐夜話重刊再跋〉，無頁數；謝冠生，〈重印圍爐夜話題辭〉，無頁數。

25 〔清〕王永彬：《圍爐夜話》，宋希尚〈圍爐夜話重刊再跋〉，無頁數。

建黨八十週年、一九七七年由中央婦女工作會提出的齊家報國運動等，《圍爐夜話》也在這些時候數次獲得重印。以齊家報國運動時期為例，宋希尚即說：「邇來中央倡導之『齊家報國運動』，是以修身齊家為起點，以倫理教育為重心，以社會建設為基礎，以報效國家為目標，而王君宜山所著之圍爐夜話，於修齊之道，學養之方，多有闡明，不僅為齊家之箴言，亦報國之礎石也。」因此，他希望重印本書，「以為推行中華文化教育之助」。[26] 一九六〇年代開始的這幾波精神動員強調傳統中國文化在臺灣的延續，從宋希尚的自述中，可以看出他對《圍爐夜話》的認知，書中的觀念已不僅僅在教人如何為人處世，更傳達出復興倫理道德與建立民族意識之間千絲萬縷的關係。

宋希尚重印《圍爐夜話》後，他在陽明山革命實踐研究院的同期同學原德汪（曾任總統府祕書）、金唯信（曾任財政部賦税署長）等人則積極推介該書。一九七〇年代中央日報社長彭歌讀到原德汪寄贈的《圍爐夜話》後，開始在《中央日報》的「晨

26 〔清〕王永彬：《圍爐夜話》（臺中：欣林出版社，一九八五年），宋希尚〈重刊圍爐夜話序〉，頁二一一三。

鐘」副刊中，分條逐日刊載該書的內容。[27]這也使得《圍爐夜話》在全書翻印的形式之外，多了另一種面對現代讀者的新方式。從《圍爐夜話》數次的翻印顯示出，雖然一九五〇年代之後幾波精神動員運動是由上而下推廣一種價值的活動，但是人們對這些運動卻可能有着各種不同的理解方式；而書籍雖然呈現的是著作者的思想，但在不同的時空環境中，刊印者、讀者其實也掌握某種主動性，賦予書籍不同於以往的意義，書籍即在這些轉變的時代成為不同時期人們的精神指引。

《圍爐夜話》是一本字數不多的小書，文字淺近、明白、容易理解是最大的特色。正因為這些特質，自清末以來它得以長期在社會上流傳。從書的內容、作者的時代及翻印者的想法等各方面觀察，可以看到圍繞着這本書的出版，有幾個不同層次的意義，作者王永彬希望用這本書提倡一種以儒家倫理觀念為指引，更儉樸、更嚴整的生活態度，以求挽救他所認為自清中葉以來，日漸鬆散的社會；書籍刊印後，本書以善書的型態，隱隱曖曖地延續自身的生命；到了一九五〇年代之後，它則掛搭在一波波

27 彭歌表示在《圍爐夜話》的重印史中，大多是以「印贈善書」「褒揚善德」的態度出之，《中央日報》逐條刊出的方式，則在宣揚「平常人的哲學」。一九八一年《中央日報》進一步將該書條目彙整，以單冊形式出版。〔清〕王永彬：《圍爐夜話》（臺北：《中央日報》出版部，一九八一年），彭歌：〈枕下應常置此書〉，頁七—九；原德汪〈跋〉，頁二四六—二四七。

道德重整運動中，再度成為時人心目中可以砭俗醒世的指南。**書籍值得被重印、重讀不一定在於它所傳達的價值理念與世界觀不可動搖，而在於與書籍相關的作者、翻印者與時代，提供不同時期的讀者思考自身跟環境關係的參考。因此，了解書的意義是第一步，下一步則是藉由反思，摸索個體與社會的互動模式，尋出當代的出路與價值。**

跋

為讀者開啟通往傳統經典的大門

二十一世紀是中國踏上「文藝復興」的新時代，中華文明再次展露了興盛的端倪。饒宗頤教授曾這樣說過：「二十一世紀是重新整理古籍和有選擇地重拾傳統道德與文化的時代」，作為一家出版機構，該如何理解中國傳統文化的新發展與新出路？對於中國傳統文化的出版與閱讀，又該為當今讀者提供什麼樣的新體驗呢？

二〇一二年，恰逢中華書局創局一百週年，為紀念百年華誕，同時也為了更好發揮中華書局（香港）有限公司的優勢和特點，我們決定在堅守「弘揚中華文化」的創局宗旨基礎上，從更具時代特點、更廣闊的文化視野出發，邀請兩岸三地知名學者，運用新思維、新形式，選編一套面向當代大眾讀者尤其是青年讀者的中華傳統經典叢書。

這一構想提出來後，得到了饒宗頤教授及其他一些學術大家的充分認可。我們迅速籌建了以饒宗頤先生為名譽主編，由李焯芬、陳萬雄、陳耀南、陳鼓應、單周堯、鄭培凱諸教授組成的叢書編委會，經過認真論證，最終確定叢書名為「新視野中華經典文庫」，全套叢書共計五十分冊，收入五十五種經典，涵蓋中國古代哲學、歷史、文學、佛學、醫學等各個方面。「文庫」精選具有傳世價值的經典作品及最佳底本，廣邀兩岸三地專研精深的學者予以導讀、賞析和點評，力圖為今天的讀者搭建一條溝通古代經典與現代生活的橋樑。

傳承文化，責任綦重。成書過程中，我們一直誠惶誠恐，每一本作品都經歷了往復討論、不斷修訂，幾易其稿的過程是艱辛的。幸而有一羣學養一流、懇切熱忱的作者共襄盛舉。他們都是本研究領域的專家、名家，卻以一種謙慎的姿態來配合出版方、或說是滿足當今讀者的要求。他們在反覆比較中精選最優底本，採擷精華章節，並參酌其他版本釐定字句乃至標點、讀音等細節；特別是為配合普通讀者、年輕讀者的閱讀口味，更力求導讀清新流暢、賞析扼要淺白，很多導讀讀來如一篇優美曉暢的散文，許多點評則令人會心一笑，心有戚戚焉。他們的細緻、負責，滿溢着對傳統文化的熱愛以及對傳承文化的熱切，使人感佩。

悠悠五載，五十冊圖書終於全部呈現給讀者。令我們欣慰的是，叢書陸續推出後，受到了讀者的持久歡迎，尤其是每年在香港書展上，都會有不少讀者特別是中學生前來問詢、購買；同時，這套書也榮幸地被中信出版社看中並引進到內地，出版簡體字版本，惠及廣大內地讀者。

不過，由於編輯學養有限，不免掛一漏萬，一些細心的讀者給我們寫來了郵件，指出錯漏。這令我們既感激，又慚愧，惟有及時修訂、精益求精，用更負責任的態度和更大的熱忱，來回報讀者，回饋社會。

為令讀者更高效、便捷閱讀此套叢書，吸收傳統智慧，本局將這五十五本經典的導讀抽出，結集為一套四冊的《經典之門——新視野中華經典文庫導讀》系列，分為「先秦諸子」「哲學宗教」「歷史地理」「文學」。如果說「新視野中華經典文庫」是我們希望給讀者開啟一扇通往古代經典大門的話，那麼這些導讀所構成的「精華中的精華」，則是開啟這扇經典之門的鑰匙。

中華書局編輯部
二〇一七年四月

□責任編輯：熊玉霜
□裝幀設計：霍明志
□排　版：沈崇熙
□印　務：林佳年

經典之門

新視野中華經典文庫導讀（哲學宗教篇）

□
編者
中華書局編輯部

□
出版
中華書局（香港）有限公司
香港北角英皇道 499 號北角工業大廈一樓 B
電話：（852）2137 2338　傳真：（852）2713 8202
電子郵件：info@chunghwabook.com.hk
網址：http：//www.chunghwabook.com.hk

□
發行
香港聯合書刊物流有限公司
香港新界大埔汀麗路 36 號
中華商務印刷大廈 3 字樓
電話：（852）2150 2100　傳真：（852）2407 3062
電子郵件：info@suplogistics.com.hk

□
印刷
深圳中華商務安全印務股份有限公司
深圳市龍崗區平湖鎮萬福工業區

□
版次
2017 年 5 月初版

□
規格
32 開（205 mm × 143 mm）

□
ISBN：978-988-8463-63-3